LES JÉSUITES

A CAEN ;

Par M. Léon PUISEUX,

PROFESSEUR D'HISTOIRE AU COLLÉGE ROYAL DE CAEN.

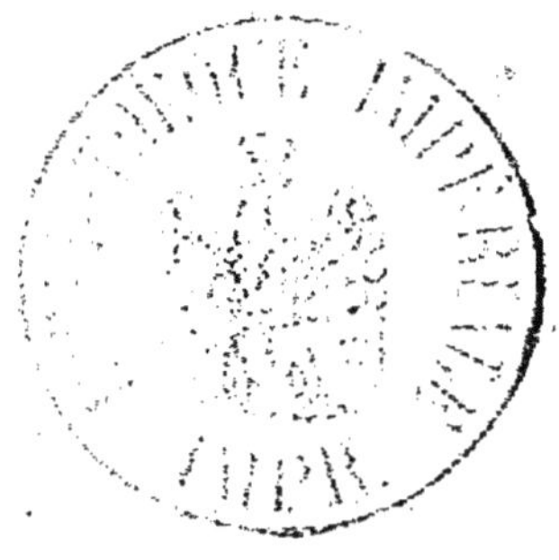

CAEN,

TYP. DE A. HARDEL, IMPRIMEUR-LIBRAIRE,

RUE FROIDE, 2.

—

1846.

LES JÉSUITES A CAEN

(1604—1764.)

PREMIÈRE PARTIE.

ÉTABLISSEMENT DU COLLÈGE DES JÉSUITES A CAEN.

CHAPITRE Ier.

Les Jésuites sollicitent leur rappel en France.—Dispositions de Henri IV, ses terreurs, sa politique. — Il livre la France aux Jésuites. — Progrès de la Société. — Propagande habile.

Vers le milieu de l'année 1603, le roi Henri IV, de débonnaire et valeureuse mémoire, fit un voyage à Metz. Là, quatre religieux, se disant de la compagnie de Jésus (1), le vinrent trouver au nom de leur ordre, le suppliant de leur rouvrir l'entrée du royaume, pro-

(1) Le nom des *Jésuites* ne fut jamais reçu officiellement en France avant l'édit de leur rappel en 1604.

testant de la plus fidèle et sincère obéissance à l'avenir et promettant de ne se plus mêler des affaires publiques. Le roi tomba dans une grande perplexité. Il savait que les corps les plus respectables, le parlement, l'évêque et les curés de Paris, la Faculté de théologie et l'Université tout entiere s'étaient prononcés constamment, et dans les termes les moins équivoques, contre l'introduction de la Société dans le royaume (1); que lui-

(1) Dès l'année 1554, c'est-à-dire 14 ans après la fondation de la société, la Faculté de théologie de Paris déclare que « la recevoir « c'était introduire des troubles dans l'église et des divisions dans « l'Etat; et enfin que cette société était plus propre à détruire qu'à « édifier. »

L'évêque de Paris, Du Bellay, s'exprime dans les mêmes termes dans le parlement et s'élève en outre contre le nom de Jésuites, *comme un titre plein d'arrogance.*—L'assemblée du clergé de France à Poissy ne les admit, en 1561, que sous le nom de *prêtres du collége de Clermont*, les soumit au droit commun des ordres religieux nonobstant les priviléges à eux accordés par les papes.—On sait avec quelle force, en cette même année 1561 et avec quelle vigoureuse éloquence, Charles Dumoulin, Estienne Pasquier et l'avocat-général Dumesnil s'élevérent dans le parlement contre cet ordre nouveau. Ils ne durent d'être tolérés qu'à l'influence toute puissante des Guise qui les avaient appelés.—En 1594, l'Université et les curés de Paris les citent devant le parlement « comme des esprits séditieux, « espions des Espagnols, auteurs de tous les troubles de la ligue « funeste qui avait désolé le royaume, tendant à ruiner toute dis- « cipline de l'église et de l'Etat, détruisant la soumission due aux « archevêques, évêques, curés, et en général à tous les supérieurs « ecclésiastiques, et demandent qu'ils soient bannis, non seulement de « l'Université de Paris, mais encore de toute la France. »—Sur ces entrefaites arrive l'attentat de Jean Chastel, élève des Jésuites, contre la vie du roi.—Aussitôt, par arrêt du 29 décembre 1594, le parlement condamne « les prêtres du collége de Clermont et tous autres « soi-disans de la société de Jésus.... à vuider dedans trois jours, « hors de Paris... et quinzaine après, hors du royaume. »

même avait ratifié un arrêt solennel qui les flétrissait et les bannissait comme *corrupteurs de la jeunesse, perturbateurs du repos public, ennemis du Roi et de l'Etat* (1). Pouvait-il oublier que les Jésuites s'étaient montrés les fauteurs les plus ardents de la Ligue et de l'Espagne (2); que ces assassins dont Dieu, par une grâce merveilleuse, avait jusqu'alors détourné le bras levé sur lui, Barrière (3), Chastel (4), sortaient du confessionnal ou des leçons de morale des Pères, et qu'enfin tout récemment un Jésuite, confesseur d'un Roi et l'une des lumières de son ordre, érigeant en théorie cette abominable pratique du régicide, avait divinisé Jacques Clément, l'assassin plus heureux de Henri III, son parent, son prédécesseur (5)?

(1) Arrêt du parlement de Paris du 29 déc. 1594.—Lettres-patentes du 27 janv. adressées au parlement de Rouen.

(2) Le P. *Pigenat* était du Conseil des Seize.

(3) « *Barrière* (je tremble, Sire, de proférer ce nom) avait été instruit par Varado, jésuite, et confessa avoir reçu la communion sur le serment fait entre ses mains pour vous assassiner. » Remontrances du président de Harlay au roi, 1604.

(4) Chastel avait reçu pendant deux ans les leçons de philosophie du P. Gueret, et avait récemment fait un exercice public au collége des Jésuites.

(5) Joannis Marianæ Hispani è societate Jesu *de Rege* lib. tres. Toleti 1599. — « A mon avis (meâ quidem sententiâ) l'oppression « que souffre la république et le pouvoir qui lui manque de s'assem- « bler n'ôte point la volonté d'abolir la tyrannie, de venger les « crimes manifestes et intolérables du prince, comme s'il détruisait « la religion du pays ou qu'il attirât l'ennemi sur le territoire. « Quiconque tentera de tuer un tel prince, jamais je ne le croirai « coupable d'une action injuste.... — Ont-ils (les meurtriers) le « bonheur d'échapper au danger? Les voilà regardés comme des héros « (instar magnorum Heroum) pendant toute leur vie. Le contraire

Il fallait donc fermer plus que jamais la France à cette terrible milice et à ses doctrines : mais un refus, n'était-ce point provoquer d'inévitables vengeances ? ceux auxquels on retirait le grand jour ne pouvaient-ils se glisser plus sûrement dans l'ombre ? Telles étaient les inquiétudes amères et les tortures d'esprit que Henri confia un jour à son vieil et fidèle ami Sully : « Par nécessité, il me faut à présent faire de deux choses l'une ; à savoir, les admettre (les Jésuites) purement et simplement ; les décharger des diffames et opprobres desquels ils ont été flétris, et les mettre à l'épreuve de leurs tant beaux serments et promesses excellentes, ou bien les rejeter plus absolument que jamais et leur user de toutes rigueurs et duretés dont l'on se pourra aviser, afin qu'ils ne s'approchent jamais de moi, ni de mes états ; auquel cas, il n'y a point de doute que ce ne soit les jeter

« arrive-t-il ? Ils tombent, victimes agréables au ciel et à la terre, et « deviennent illustres à jamais par la noblesse de leur action.....— « Ainsi périt Clément, l'éternel ornement de la France (æternum « Galliæ decus), à l'âge de vingt-quatre ans, jeune homme d'un ca- « ractère simple et d'un corps peu robuste : mais une vertu plus « grande soutenait son âme et ses forces. » Liv. 1, chap. 6 et 7.

C'est là la doctrine professée par tous les docteurs jésuites au XVIe. siècle et au XVIIe., Bellarmin, Mariana, Emmanuel Sa, Becan, Escobar, Tursellin (Epitome, à l'usage de la jeunesse, imp. à Caen, chez Cavelier, 1678) ; et même au XVIIIe. (voir l'ouv. de Busenbaum et de Lacroix, approuvé en 1707 par l'assemblée générale de la société, réimprimé en 1757 et condamné au feu par le parlement de Rouen).

Mais est-il nécessaire qu'un prince soit un tyran pour qu'un ecclésiastique ait droit de se révolter contre lui et de le tuer ? Non, suivant Emmanuel Sa : Clerici rebellio in Regem non est crimen læsæ majestatis, quia non est subjectus Regis. Verbo *Clericus*, p. 514.

au dernier désespoir, et par icelui dans des desseins d'attenter à ma vie; ce qui me la rendrait si misérable et langoureuse, demeurant toujours dans les défiances d'être empoisonné ou bien assassiné; car ces gens ont des intelligences et correspondances partout, et grande dextérité à disposer les esprits selon qu'il leur plait (1). » Douloureux pressentiment que six ans plus tard le poignard d'un Ravaillac ne devait que trop justifier!

Henri IV céda à ses terreurs : il jugea plus prudent d'avoir les jésuites pour amis que pour ennemis. C'est le père Jouvency, l'historien de la société qui nous l'apprend (2). La société fut rappelée en France (3). On y mit une condition, bien onéreuse sans doute : ils durent prêter le serment que voici :

« Je promets et je jure de vouloir vivre dans la foi catholique, apostolique et romaine, sous l'obéissance de Henri IV, roi très-chrétien et catholique de France et de Navarre, et je renonce à toutes ligues et assemblées faites contre son service, et je n'entreprendrai rien contre son autorité (4). »

Cet engagement, les Jésuites de France refusèrent tout d'abord de le contracter. Leur général Claude Aquaviva fit les derniers efforts pour les en faire dis-

(1) Œconomies royales de Sully, 1664, t. 2, p. 265.

(2) Consultius judicavit habere illos obsequentes et amicos quam infensos. Juventius, hist. Soc. J. p. 69 et 70.

(3) Lettres-patentes du mois de sept. 1603 données à Rouen. Le parlement, par l'organe du président de Harlay, adressa de très-humbles, c'est le mot officiel, mais en réalité de très-vertes remontrances au roi. Nonobstant l'édit fut enregistré le 2 janv. 1604.

(4) Requête de l'Univ. de Paris en faveur de l'Univ. de Reims, 1724, mss. in-f°., à la Biblioth. de Caen. — Lettres-patentes de sept. 1603.

penser. Le roi négocia à Rome, descendit aux prières auprès des Jésuites qu'il avait autour de lui. « Il ne cessait d'inviter doucement (*leniter*) ceux-ci à se tenir en repos, à faire pour le moment ce qu'il souhaitait d'eux : qu'il ferait à son tour dans la suite tout ce qu'ils voudraient(1). » N'est-ce pas là traiter de puissance à puissance ? Les Jésuites jurèrent (2) ; mais dès-lors Henri IV fut à leur merci. Il leur rendit leurs colléges, il prit un confesseur jésuite, le père Coton. Peut-être s'accommoda-t-il, à l'épreuve, de ce joug qui d'abord lui avait paru si dur, si honteux ; on serait tenté de le croire. Ces noirs oiseaux de proie parlaient parfois un ramage si plein de miel et d'enchantement : comment résister à cette *dévotion aisée*, à cette casuistique facile qui applanissait les scrupules sur la route et menait si doucement au salut ? Et puis le *vert-galant* n'avait-il pas toujours quelque fol retour de jeunesse à se faire pardonner ? Pour la paix de son corps et le repos de sa conscience, Henri IV livra la France aux Jésuites.

Peut-être enfin le roi dans cette affaire céda-t-il à des motifs plus nobles, plus politiques du moins.

Henri avait reconquis son royaume sur la Ligue, le Pape et le roi d'Espagne. Mais en était-il véritablement le maître ? Ici les chefs ligueurs avec qui il avait fallu transiger ; là les royalistes catholiques, et les huguenots, ces vieux compagnons de la fortune du Béarnais, créanciers exigeants, qui n'estimaient nulle récompense trop grande pour leurs services. Gratifications, pensions, gou-

(1) Juventius loc. citat.

(2) Mais leur général Aquaviva refusa constamment d'accepter les conditions de leur rappel.

vernements, leur avaient été jetés à pleines mains. Le roi se saignait pour cette nouvelle féodalité qui se partageait les dépouilles de la France. Biron démentant douze années d'une glorieuse fidélité avait payé de sa tête son indigne trahison; mais les plus grands seigneurs avaient applaudi secrètement à son projet de démembrer le royaume; les protestants pleins de défiance et de colère envers le prince qui avait déserté leur foi, revenaient à leur vieille opposition républicaine; unis, quoique dispersés, fortement organisés, ils aspiraient à former un Etat dans l'Etat, à dicter du moins les conditions de leur obéissance. Enfin au-dessous de cette turbulente noblesse, les grandes communes du royaume, naguères ligueuses pour la plupart, toujours catholiques exaltées, n'avaient accepté qu'avec hésitation un roi né de la réforme.

Si la noblesse s'était fait acheter, les masses catholiques étaient accessibles à des séductions moins intéressées, plus généreuses. C'est à elles que Henri avait sacrifié ses croyances premières : c'est à elles sans doute qu'il croyait donner un nouveau gáge en rappelant les Jésuites.

Proscrit, cet ordre, quoiqu'absent, entretenait les haines, grâce à ses ramifications infinies; rappelé dans ses honneurs, il travaillerait puissamment à rattacher à la royauté la population des villes, contre-poids formidable opposé à la féodalité renaissante. Si telle fut la pensée d'Henri IV, il se trompa grandement : sur la reconnaissance des Jésuites d'abord; et ensuite sur la coopération qu'il en pouvait espérer à l'intérieur, lorsque lui-même au-dehors succédait à Elisabeth d'Angleterre comme chef du parti protestant en Europe.

Toujours est-il que les Jésuites furent rappelés.

Aux termes des lettres de rétablissement de sept.

1603, la Société ne devait avoir de maisons professes que dans neuf villes ou localités désignées, et de colléges, que dans quatre seulement, Paris, La Flèche, Lyon. Dijon. Ils devaient être tous Français, soumis à toutes les lois du royaume, aux juridictions diocésaines, et au droit commun de l'église gallicane. Mais ces entraves qu'ils semblaient accepter, on les vit les élargir peu à peu, les ronger patiemment, les briser enfin et s'en faire des férules pour régenter les rois et les peuples. Vingt fois les parlements, les universités donnèrent l'éveil et les liens furent renoués; vingt fois ils se sont remis à l'œuvre, tenaces et infatigables, jusqu'à la grande catastrophe de 1762. Un succès meilleur leur serait-il réservé ?

A peine ont-ils remis le pied sur le sol du royaume et réparé les brèches de l'exil qu'ils rayonnent autour des résidences où l'on a emprisonné leur zèle. Déjà ils ont su s'imposer : bientôt, ce qui est bien plus habile, ils vont se faire désirer, demander. Leurs méthodes d'enseignement, sans être aussi merveilleuses qu'on l'a bien voulu dire, avaient sur celles des autres établissements certains avantages qui n'étaient pas de médiocre importance. Ceux-ci faisaient de leurs élèves des savants, mais aussi parfois de sauvages érudits et des pédants. Les Jésuites savaient leur donner un vernis de savoir mondain et de belles manières qui séduisait. Aux occasions solennelles, de petits docteurs de 16 ans venaient gravement discuter en public les subtilités les plus ardues de la scholastique ou soupirer sur les pipeaux de Tytire et de Damis, un hymne éternel aux ruisseaux susurrants et à la fraîche opacité des bois. Après venait la comédie, voir même le ballet. La foule applaudissait et les tendres mères pleuraient de joie.

Prédicateurs, les Jésuites avaient une tenue propre et décente, une parole mesurée et polie, une éloquence insinuante et onctueuse qui contrastait agréablement avec la bure grossière, les images populaires, la rude et violente franchise des Cordeliers ou des Franciscains. Chacun les voulait entendre, chacun aussi voulut avoir pour confesseurs des théologiens si habiles qui trouvaient une excuse là où vous ne voyiez qu'une faute.

Bon nombre de villes demandèrent des Jésuites, Rouen entr'autres, Angoulême, etc., et Henri IV se rendant à leurs vœux s'empressa d'élargir successivement pour elles les clauses de son premier édit. D'autres moins ferventes se défendirent tant qu'elles purent de cette faveur; il leur fallut bon gré malgré l'accepter et non seulement recevoir les bons pères, mais aussi les loger et les héberger. Caen et Reims furent de ces villes, et l'histoire mérite d'être racontée.

CHAPITRE II.

Caen, ville anti-ligueuse. — Le P. Coton à Caen. — Vœu supposé des habitants en faveur des Jésuites. — Ruse grossière déjouée. — Nouvelles intrigues; le P. Gontier. — Lettres d'établissement surprises à Henri IV. — Lettres closes du Roi aux maire et échevins. — Convocation clandestine.

Caen, cette ville du droit et de la vieille légalité, n'avait point hésité à reconnaître Henri IV dès son avènement au trône (1589). Ne voyant en lui que le roi, et priant pour la conversion du huguenot, elle lui avait gardé une inaltérable fidélité, et dans les premières années si difficiles de son règne, pendant sa lutte contre Mayenne et la Ligue, elle lui avait fourni constamment des hommes, de l'artillerie, du blé, de l'argent (1). Jamais l'âcre levain de la Ligue ne fermenta dans la bonne ville de Caen. Sa population se composait à cette époque de deux tiers de catholiques; le reste était protestant. Mais depuis long-temps les vieilles haines religieuses y étaient oubliées; et les habitants des deux communions vivaient

(1) En 1585, Caen refuse de s'associer à la Ligue.—En 1589, Henri III transfère le parlement de Normandie, de Rouen, ville ligueuse, à Caen, ville royaliste. — La même année, Caen se prononce pour Henri IV. — En 1591, la ville par délibération générale arrête que, pour sa défense contre les ligueurs et pour soutenir le parti du Roi, elle fera faire à ses frais dix-huit pièces de canon. De La Rue, annales de Caen, t. 2.

côte-à-côte dans une tolérance mutuelle et une admirable entente pour le bien public. C'était pour les Jésuites une conquête difficile (1), mais glorieuse, d'autant plus glorieuse que Caen exerçait alors autour d'elle, par ses grands établissements d'instruction, une remarquable influence intellectuelle et morale, et sa réputation de science et de politesse s'était répandue au loin. Ecoutons le témoignage de l'historien des Jésuites: « Caen, capitale de la Basse-Normandie est comptée justement parmi les premières cités du royaume, tant à cause de l'ancienneté, de l'élégance et de la grandeur de la ville, qu'à cause de la politesse, des talents, de la piété, et de l'érudition de ses citoyens: les muses y ont établi leur siége dans une florissante Académie (2). »

Lorsque les Jésuites avaient jeté leurs vues sur une ville riche et considérable, ils se gardaient bien de s'y annoncer en conquérants. D'ordinaire on y députait un des plus habiles, puis deux, puis trois pour reconnaître le pays. Ils devaient chercher à se rendre agréables aux habitants; se montraient fort empressés du salut du prochain, remplissaient d'humbles offices dans les hôpitaux, visitaient

(1) J'ai lu quelque part que Henri IV, en rappelant les Jésuites dont il connaissait le talent pour la prédication, avait surtout en vue la conversion des protestants afin de diminuer le nombre de ceux qui lui pouvaient reprocher son abjuration.

(2) Cadomus inferioris Normanniæ caput, inter præcipuas regni civitates merito numeratur, tum propter vetustatem, elegantiam et amplitudinem urbis: tunc propter humanitatem, ingenium, pietatem et eruditionem civium, apud quos musæ in florentissima semper Academia regnaverunt. — Juventius, hist. soc. J. ab. an. 1600 ad an. 1615, p. 313. — L'Université de Caen, dans tous les titres de cette époque, est appelée *Celeberrima Academia Cadomensis.*

les pauvres, les affligés, les prisonniers, confessaient promptement, cultivaient la faveur des personnes notables du lieu, enfin faisaient paraître une charité extraordinaire pour tous. Quand ils avaient ainsi pris racine dans les cœurs, ils partaient brusquement, laissant derrière eux des regrets sans nombre et un vide irréparable. On ne pouvait plus vivre sans les Pères, on les voulait avoir non pas une semaine, une année, mais toujours; on suppliait alors le Roi, par une très-humble requête, d'autoriser l'établissement d'une Maison ou d'un collége de la Société: le prince, bien et dûment préparé, applaudissait à tant de ferveur et approuvait par lettres-patentes l'établissement tant désiré, à la très-vive satisfaction de tous et à la plus grande gloire de Dieu.

Caen, il est vrai, se montra plus rebelle. Henri IV vint dans cette ville au mois de septembre 1603, quelques jours après avoir signé à Rouen l'édit de rappel des Jésuites. Il y fit son entrée solennelle le 11 ou le 13 et y séjourna jusqu'au 19 ou 20 du même mois: il était accompagné de son nouveau confesseur, le père Coton, qui prit dès lors un tel ascendant sur son esprit qu'on disait communément à la cour: « On voit bien que le Roi a du *coton* dans les oreilles. » Ce fut pendant ce séjour que Henri aurait, suivant le père Jouvency, conçu l'idée d'établir la société à Caen (1). L'année suivante le père Coton, de l'aveu du Roi, vint y prêcher le carême (2). C'était un homme d'une exquise politesse, d'une

(1) Societatem inferre urbi constituerat Henricus quartus, jam inde ab anno 1603, cum octobri mense Cadomum venisset. Ibid.—L'auteur se trompe légèrement sur la date; V. annales de Caen, t. 2.

(2) Eo consilio datus ab eo (Henrico) fuit concionator per Quadra-

grande douceur de manières, parlant avec onction, d'une intelligence exaltée par les uns, fort rabaissée par les autres, du reste très-habile. Il se trompa cependant sur l'opportunité de son entreprise, et nous allons juger du nombre de prosélytes qu'il sut faire.

Le père Coton était peut-être encore à Caen, lorsqu'un certain Pasquier Savary, docteur en Théologie et régent à l'un des colléges de l'Université de Caen, épris d'un singulier amour pour la Société, arriva à Paris, se disant député par la ville de Caen, et présenta au Roi une requête pour *demander l'établissement d'un collége des pères Jésuites à Caen, au nom du général des habitans* (1).

Mais cette mission n'était qu'une indigne usurpation de pouvoirs. A peine le docteur Savary était-il parti, que les officiers municipaux, instruits de son dessein et de sa démarche, réunirent les habitants, les consultèrent et écrivirent immédiatement au Roi pour désavouer le prétendu député.

Au Roi

« Sire, Vos très humbles et obéissans sujets les gou-
« verneurs, échevins et premier syndic de votre ville de
« Caen, *au nom du corps commun et général des Habitans*
« *d'icelle*, vous remonstrent que quelques particuliers de

gesimam P. Petrus Cotonus, cujus eloquentia et comitate perfectum est. . . . . Juvent. Ibid.

(1) Procès-verbal de l'assemblée des bourgeois et habitants de Caen, du 4 novembre 1608, dans un petit livre très-rare, intitulé : *Recueil de pièces non imprimées, extraites des registres du parlement de Rouen et de l'Hôtel-de-ville de Caen* (Bibliothèque de Caen). — Je l'ai collationné avec l'original qui existe aux archives municipales de Caen, Reg. XLII, f°s. 41-66.

« ladite ville auraient fait dessein de vouloir establir en « icelle un collége de Jésuistes, et sans avoir sur ce esté « fait assemblée générale desdits habitans pour délibé- « rer sur la commodité ou incommodité d'un tel establis- « sement, ils ont député un régent d'un des colléges de « l'Université dudit Caen, nommé Savary, pour en aller « faire la demande à votre Majesté au nom du général de « la ville, et obtenir sur ce votre permission, en quoi ils « procèdent sans aveu et pouvoir légitime; à ces causes « est votre Majesté très-humblement suppliée *les vouloir « débouter de leur demande et poursuite,* et ordonner « qu'avant que d'être ouis, ils feront apparoir comme, « en convention et assemblée générale des habitans, faite « en l'Hôtel commun de ladite ville, ainsi qu'en tel cas « est accoutumé, il aura été arrêté que c'est le bien et « commodité de ladite ville de faire cette poursuite; et « les supplians continueront de prier Dieu pour la pros- « périté de votre Majesté. — Fait ce troisième jour de « mars 1604 » (1).

La protestation arriva à temps apparemment. Les Jésuites contrariés dans leur dessein le réservèrent pour un moment plus propice, et Henri, qui n'était point encore tout entier à leur dévotion, n'osa faire violences cette fois aux répugnances d'une ville fidèle et considérable. Le docteur Savary revint avec un refus, refus sous lequel se cachait peut-être une promesse pour l'avenir.

La ruse des Jésuites était grossière: mais l'extrême finesse est-elle souvent plus heureuse que la supercherie vulgaire? Ce moyen qui vient de faire faute une fois aux

(1) Recueil de pièces, etc.

bons pères, va leur réussir merveilleusement plus tard. En 1606, par exemple, veulent-ils s'établir à Reims, c'est toujours le même procédé (1).

Cette ville renfermait un digne émule du docteur Savary, François Brulart, naguère ligueur forcené. Prétextant le même vœu unanime des habitants, il s'était de son autorité privée, arrogé la même mission auprès du Roi, alors en voyage à Reims. Appuyé par l'archevêque Louis de Lorraine, de cette ultra-catholique maison de Guise, il emporta l'affaire d'emblée. La négociation resta secrète et dans le courant de l'année 1606, les Jésuites se présentèrent avec des lettres du Roi, datées de Reims même, (26 mars 1606), bien et dûment enregistrées au parlement de Paris (2), portant permission à la Société de s'établir et élever un collége dans cette ville. Grand fut l'étonnement des Rémois. Car les lettres disaient *parce que des Nobles, Bourgeois, Manans et Habitants de ladite ville nous (le Roi) ont instamment supplié et requis pour ledit établissement* (3). Or, de cette affaire personne n'avait entendu parler. Le conseil et l'échevinage s'assemblèrent le 18 avril 1606 et déclarèrent que « Jamais ne leur a été « rien proposé ni publié dudit établissement, n'en ont « fait aucune supplique ou requisition, protestent que les

(1) « Nos Rois n'ont coutume d'accorder ces établissements aux sociétés régulières, que dans le dessein de procurer quelque utilité aux bourgeois et que sur leurs remontrances et de leur consentement. Aussi les P. P. Jésuites *prirent-ils le prétexte d'être désirez par les habitants de Reims et de Caen*, pour s'introduire dans ces deux villes. » Requête de l'Université de Paris, au Roi, en faveur de l'Université de Reims, en 1724, manuscrit in-folio, p. 160 et suiv.

(2) Ayant dès lors force de loi.

(3) Lettres-patentes du 26 mars 1606. — Requête manusc. p. 161.

« lettres d'établissement ne leur peuvent nuire, ni pré-« judicier (1). » Le procureur-syndic, Jean de Laval fut chargé de porter le lendemain cette déclaration devant le Présidial de Reims, qui, incontinent, lui en donna acte (2). Les Jésuites crièrent bien fort que Jean de Laval *avait donné un démenti au Roi*, et restèrent à Reims (3).

Cependant le P. Coton qui avait compris que les esprits n'étaient point suffisamment préparés à Caen, mais ne renonçant point à son entreprise, dépêcha dans cette ville le prédicateur jésuite Gonteri, ou Gontier, comme on l'appelait en France (4). Il y vint dans l'intervalle qui s'écoula de l'an 1604 à 1607; nous ne pouvons préciser davantage l'époque. Disputeur infatigable, il avait une parole persuasive et mordante et maniait habilement l'arme de l'ironie. Controverses contre les protestants, sermons, petits traités religieux distribués dans le peuple, rien ne fut épargné pour faire du bruit (5). Le P. Gonteri

(1) Extrait des registres des conclusions du Conseil et de l'Echevinage de la ville de Reims, du 18 avril 1606.— Requête manusc. p.174.

(2) Procès-verbal de l'audience tenue en la cour du Palais-Royal de Reims, le 9 avril 1666.—Requête manusc. p. 171.

(3) Nous pourrions multiplier les exemples de *subreptions* de ce genre. A Sens, le P. Boette est, en 1623, amené par les habitants à déclarer « que combien que les lettres-patentes..... portent qu'elles « ont été obtenues à la poursuite et supplications desdits S[rs]. Maire, « Echevins et habitans du lieu; si est ce que le R. P. Boette, ès « noms du général et du provincial, a reconnu et reconnoît que les-« dites lettres n'ont été obtenues par lesdits habitans. » Requête manusc. p. 174.

(4) C'était un Italien, né à Turin, vers 1562. Il a publié divers ouvrages de controverse, entre autres : *Correction fraternelle à M. du Molin*, Paris, 1607, in-12; *Les conséquences auxquelles a été réduite la religion prétendue réformée*, Rome et Paris, 1610, in-8°.

(5) L'abbé De La Rue, essais, etc t. 2.

devint le prédicateur à la mode, et s'il ne gagna pas à lui toute la ville, il conquit du moins à son ordre un certain nombre de partisans zélés et actifs parmi les notables et même dans l'Université (1).

En 1607 on se crut sûr du terrain. Le P. Coton qui menait toute cette affaire s'entendit d'abord avec Robert de La Menardière, autrefois ardent ligueur et qui avait siégé comme député aux burlesques Etats-généraux de 1593 (2). Ce La Menardière était abbé commendataire de S[te].-Colombe et prieur de S[te].-Barbe-en-Auge (3). Il résigna son prieuré qui était de 3,000 livres de rente (4) pour entretenir le futur collége des Jésuites à Caen. Cette rente, les donations des âmes pieuses et la subvention qu'on saurait bien se faire donner par la ville, seraient actuellement suffisantes pour le faire vivre. Quant au logement, il y avait là, à Caen, quatre ou cinq beaux établissements occupés par le Clergé séculier ou l'Université. Ce serait vraiment trop d'honneur aux possesseurs de céder la place à Messieurs de la compagnie; il n'y aurait qu'à choisir.

Tout étant ainsi disposé, le père Coton, sans que la ville ait été consultée, *ainsi qu'en tel cas est accoûtumé* (5), et nonobstant la protestation du mois de mars 1604, obtient enfin de son royal pénitent, les lettres

(1) V. le procès-verbal de l'assemblée clandestine du 8 février 1608. — Recueil de pièces, etc.

(2) Requête manusc. p. 150, note.—Il fut député par le bailliage de Sens.

(3) Ce prieuré était dit aussi *de St.-Martin de Cajollot*, de l'ordre des Augustins, dans le diocèse de Lisieux.

(4) Cette somme représentait alors une valeur d'environ 10,000 francs de nos jours.

(5) Lettre du conseil de la ville, citée plus haut.

d'établissement tant désirées. La teneur de ces lettres était telle : « que le Roi, faisant exception aux prohibitions contenues dans l'édit de 1603, voulant que la jeunesse fût instruite à l'honneur de Dieu et aux bonnes sciences et mœurs, et cédant *au vœu général* du gouverneur et des habitants de Caen, et de l'évêque de Bayeux qui l'en avaient très-humblement supplié et requis, permettait à la société des Jésuites *d'establir un collége en la ville de Caen*; qu'ils le composeraient de tel nombre de personnes de cette société qu'ils jugeraient nécessaire pour le service divin et instruction de la jeunesse, qu'ils pourraient accepter les deniers de la ville et des particuliers et notamment le prieuré de S^te^.-Barbe-en-Auge; que les habitants leur abandonneraient, accommoderaient ou bâtiraient un local convenable pour y établir leur collége, avec des jardins et terrains adjacents pour y construire une église et autres dépendances, etc. » (1).

Que de 1604 à 1607 il n'ait été présenté aucune requête officielle au Roi, que les habitants même n'aient point été consultés, cela ressort évidemment des faits et des actes qui vont suivre. Les lettres-patentes obtenues par les Jésuites restèrent même secrètes pendant plusieurs mois. Rendues en septembre 1607, il n'en fut donné avis qu'à un petit nombre d'habitants de Caen, le 8 février 1608; elles ne furent enregistrées au parlement de Rouen que le 17 mai, et communiquées à la majorité des habitants que le 4 novembre 1609, tant on craignait l'explosion du mécontentement de la population, qui éclata en effet d'une manière significative comme nous le verrons.

(1) Lettres-patentes du mois de septembre 1607, enregistrées au parlement de Rouen, 17 mai 1608.

Le roi qui avait fort à cœur cette affaire, députa, le 23 décembre 1607, le sieur d'Aubigny, trésorier général des finances à Caen, avec des lettres closes adressées aux Maire et Echevins de la ville. Il n'y est question ni des lettres-patentes de septembre (1), ni des prétendues *sollicitations des habitants.* La formule était bonne pour le public ou le parlement de Rouen; mais on ne pouvait répéter aux officiers municipaux ce qu'ils n'avaient pas dit. Ici l'établissement des Jésuites est présenté comme un acte émané de la volonté du Roi; il ne cède à aucune invitation des habitants, ni ne les consulte; il ordonne purement et simplement aux Maires et Echevins de pourvoir à tout ce qui sera nécessaire à l'installation du collége des Jésuites. Le ton de cette lettre est singulièrement sec et impérieux, et nous donne la mesure de la résistance qu'on éprouvait ou qu'on attendait.

« De par le Roi

« Nos amés et féaux, nous avons résolu, pour le
« bien et utilité des habitans de nostre ville de Caën,
« d'establir un collége de Pères Jésuites en ladicte ville,
« et vous en avons bien voulu donner advis, afin que
« contribuant avec nous à ce bon œuvre, vous apportiez
« tout ce qui sera de vous à leur establissement, et fassiez
« en sorte envers lesdicts habitans, que tout ainsi que ce
« sera eux qui en auront la commodité, ils fassent aussi de
« leur costé ce qui sera en eux pour l'avancement de nostre
« bonne intention, laquelle nous avons donné charge
« expresse au sieur d'Aubigny, présent porteur, de vous

(1) N'étant point encore enregistrées, elles n'avaient aucun caractère légal et ne pouvaient être rendues publiques.

« faire plus particulièrement entendre. Et à ce ne faites « faute : car tel est nostre plaisir. Donné à Paris le 23e. « jour de decembre 1607. *Signé* HENRY, *et plus bas* « DE LOMENIE (1). »

Cette lettre ne paraît avoir été remise aux officiers municipaux que dans les premiers jours de février. On avait employé l'intervalle à s'assurer du maire et des échevins et d'un certain nombre de personnes dans la bourgeoisie et l'Université. En conséquence donc des lettres closes du roi, le 8 février 1608, les maire et échevins, gouverneurs de la ville de Caen, firent sommer les habitants de se trouver, le lendemain 9, à l'hôtel commun de la ville, à deux heures après midi, pour délibérer sur le contenu de ces lettres (2). Enfin l'opinion des habitants allait se manifester publiquement et dans une épreuve décisive, et, précédés par l'impatience générale, les dignes Pères allaient faire une entrée triomphale portés sur les acclamations unanimes. Détrompons-nous : les habitants étaient convoqués pour le dimanche 9 : l'assemblée eut lieu le samedi 8 (3). Cent et quelques personnes seulement prévenues de ce changement étaient présentes, et les assemblées comptaient quelquefois 3,000 citoyens (4); mais on avait les dévoués, quelques douteux en petit nombre, et c'est devant cette assemblée clandestine que fut portée l'affaire des Jésuites.

(1) Cette lettre est en original au Registre 41 des archives de l'hôtel-de-ville de Caen.

(2) Recueil de pièces, etc.

(3) Procès-verbal de l'ass. du 8 fév. — De La Rue, Essais, t. 1.

(4) Comme au 4 novembre suivant.

CHAPITRE III.

L'hôtel-de-ville de Caen. — Assemblée irrégulière du 8 février 1608. — Les partisants des Jésuites ne peuvent s'entendre sur le logement à donner à ces Pères. — Protestations. — Les Jésuites acceptés, mais conditionnellement. — Lettre du P. Coton. — Encore le P. Gontier.

A l'époque où commence cette histoire, la commune de Caen n'avait point encore établi son hôtel de ville dans ce gracieux palais *renaissance*, bâti par des artistes italiens, et qui, abandonné à son tour en 1793, n'a conservé de ses vieux honneurs municipaux que le nom de *Bourse* et le prétoire du tribunal de Commerce (1). Mais sur le pont St.-Pierre, et fondée en la rivière elle-même se dressait une imposante bastille d'apparence féodale et *de très-ancienne et admirable structure* (2). Le corps des bâtiments assis à la fois sur la rivière et sur la grande voie publique qui se croisaient sous ses voûtes, était à quatre étages et flanqué aux angles de quatre hautes tours reliées entr'elles par des créneaux. L'une

(1) On l'appelait alors hôtel du *grand Cheval*, à cause d'une image de pierre en bas-relief qui ornait la façade, représentant le Fidèle et le Véritable de l'Apocalypse, monté sur un cheval. Nicolas le Vallois avait fait construire par des artistes italiens cet hôtel, qui en 1606 appartenait à Guillaume Moisant. — De La Rue, notes manuscrites aux *Origines de Caen*, de Huet.

(2) De Bras, antiquitez de Caen, 2ᵉ. partie, p. 9. — Cet édifice fut construit entre les années 1346 et 1365.

de ces tours servait de beffroy et supportait une merveilleuse horloge (1). Cet édifice désigné dans les anciens actes sous le nom de *Châtelet de Caen*, plus tard appelé communément *le gros horloge*, était depuis sa fondation l'*hostel commun de la ville de Caen*; la façade orientale était occupée dans sa longueur par une grande et haute salle où s'assemblaient les officiers municipaux, les notables, les bourgeois et manants, pour y traiter de leurs *négoces*, des intérêts et de *l'honneur de la ville et du pays* (2).

C'est là que le 8 février 1608 se fit l'assemblée irrégulière des notables réunis si précipitamment par le bailli du Roi, maire et gouverneur de Caen, Jacques Blondel; assemblée doublement illégale, puisqu'elle avait été convoquée sur un *ordre verbal* du maire, contre la coutume, et qu'en outre, les habitants étaient avertis à domicile par le sergent Dulondel, pour le lendemain (3), tandis que la réunion se faisait le jour

(1) Cette horloge sonnait les heures et carillonnait les hymnes de l'église. On y avait adapté deux cadrans magnifiquement dorés et qui marquaient, outre les heures, les phases de la lune. Au bas de chaque cadran était écrit : Vn Dieu, Vn Roy, Vne Foy, Vne Loy. De Bras, id. p. 10. — Le bâtiment fut démoli vers 1750.

(2) Acte de l'an 1365 cité par Huet, *Origines*, p. 135.

(3) Exploit de Pierre Dulondel sergent ordinaire en l'*hostel* commun de la ville de Caen; archives de la ville, Reg. XLI, f°s. 270, 271, 279, 280 (Entre les f°s. 271 et 279 se trouve inséré un cahier, enfermé ainsi dans les deux feuilles de l'exploit de Dulondel, et qui contient le brouillon et la rédaction définitive du procès-verbal de l'assemblée du 8 février. Les registres 41 et 42 n'ont pas été recueillis avec beaucoup de soin et les pièces ne s'y trouvent pas toujours placées dans leur ordre chronologique). Contre l'ordinaire l'ordre de convocation donné par le maire est verbal; mais ce qu'il y

même à deux heures de l'après-midi. Aussi ne s'y trouva-t-il qu'un petit nombre de personnes. L'acte de convocation mentionne, outre 95 notables désignés nominativement, tous les chefs de corps avec leurs subordonnés, l'official de l'évêque de Bayeux et tout le clergé de la ville, le recteur, les docteurs et professeurs de l'Université, les trésoriers et officiers du bureau des finances, messieurs du siège présidial, messieurs les élus et officiers de l'élection, en tout bien deux cents personnes. Et cependant, d'après le relevé du procès-verbal même de l'assemblée, il ne s'en trouva que quarante-huit, parmi lesquels on ne trouve pas même le recteur de l'Université, et cela dans une affaire qui touchait de si près à ce corps.

A deux heures on entra en séance, le maire Jacques Blondel, sieur d'Ungy, était assisté de MM. De la Serre et Gilles Hallot, avocats du Roi, et des échevins et Gouverneurs, Jean Bernard, Jean Vaultier, Gilles Le Bas,

a de singulier, c'est que, dans l'exploit, ce commandement est donné le *huitième jour de febvrier pour semondre les personnes cy après nommées, etc.* Et plus loin... *pour comparoir le lendemain sabmedi en l'hostel commun de ville....* Or le samedi étant le *huit*, comme on le voit par le procès-verbal même de la séance, n'était donc pas le lendemain. Le brouillon du procès-verbal, la rédaction définitive, enfin le rappel de ce procès-verbal dans celui du 4 novembre portent également le *huit*. On pourrait admettre, il est vrai, qu'il y a peut être là quelque erreur de l'écrivain, résultat de la précipitation avec laquelle se fit cette convocation. Mais il n'en est pas moins constant que la réunion fut irrégulière et fut plus tard l'objet d'une protestation unanime des notables et des habitants. Dans le procès-verbal de l'assemblée du 4 novembre on lit : « Noble homme, M^e^. « Michel de Répichon, Conseiller du Roi, Président, Trésorier de « France au bureau des Finances, en la généralité de Caen, a « remontré que l'assemblée *faite contre les formes ordinaires* au

Charles Lecoq et Guillaume Bonnel (1). Alors, Adrien Nonyme, sieur d'Aubigny, trésorier de France au bureau des finances de Caen, présenta ses lettres de créances comme commissaire délégué du Roi auprès de la ville (2). On donna ensuite lecture des lettres adressées par le Roi aux maire et échevins (3), des lettres pareilles adressées à messieurs du présidial. Henri IV avait si fort à cœur cette affaire, qu'il y en avait aussi pour M. de Bellefonds, gouverneur de la ville et château de Caen, et d'autres enfin de M. de Bellefonds

« mois de février dernier de petit nombre de personnes et de divers « avis, ne peut servir pour autoriser la demande qui devroit avoir esté « faicte par les habitans de l'establissement dudict collége des Pères « Jésuistes...... Qu'en ceste assemblée les principaux officiers et « notables *n'ayant été convoquez ni appelez en public ni en « particulier*, elle est invalide, ne pouvant si petit nombre obliger « le corps des habitants composé de vingt mille personnes. » Ce procés-verbal est au Rég. XLII, f°s. 41-66.

(1) Procés-verbal de l'assemblée du 8 février 1608, page 272-278. Ce procés-verbal existe en double dans le registre XLI des archives de la ville de Caen. Au folio 272, on trouve le brouillon original écrit séance tenante par le greffier Beaullard : l'écriture en est très-rapide et presqu'illisible. — Cependant j'ai pu comparer cette minute avec la rédaction définitive qui occupe les f°s. 275-278 et m'assurer que, quant aux fonds des choses, les deux textes sont semblables. J'ai aussi collationné scrupuleusement avec la seconde rédaction la copie qui en a été publiée dans le *Recueil de pièces non imprimées*, etc., p. 76-89. Celle-ci est exacte de point en point, sauf l'orthographe, que j'ai rétablie ici dans sa forme primitive, et l'omission d'un seul vote, celui de M. Germain Jacques, curé de St.-Pierre de Caen.

(2) Procés-verbal, etc.— « Au mois de février 1608 ces pieux char« latans firent présenter par le ministère d'une de leurs créatures, le « sieur d'Aubigny, une lettre close, etc. » Dénonciation faite à nos seigneurs du parlement de Normandie, etc. 1762, in-12 p. 20.

(3) V. plus haut, p. 19 et 20.

à son lieutenant audit château. Et comme si toutes ces lettres n'étaient point assez explicites, le sieur d'Aubigny prit la parole pour faire amplement connaître la volonté du roi et l'objet de la mission :

« Sa majesté lui avait commandé, dit-il, de faire « entendre aux habitans de Caen que sa volonté est « d'establir en cette ville un collége des Pères Jésuistes, « en l'honneur de Dieu et pour l'utilité de la ville. Laquelle volonté S. M. avoit toujours eue dès leur esta« blissement au collége de Rouen ; et à ceste fin, pour « monstrer son affection, leur a dès à présent concédé « le prieuré de Sainte-Barbe-en-Auge...... sur lequel « ils ont trois mille livres de rente ; mais il est requis « que lesdicts habitants avisent à leur fournir ce qu'il « convient en plus outre ; sur quoy faisant, ils feront « chose agréable à sa majesté ; ce qu'il a bien voulu « faire entendre, afin qu'à son retour, qui sera prompt, « il puisse certiorer S. M. de leur intention, d'autant « qu'elle est importunée des habitans de Falaize qui « demandent ledict collége. »

Cette dernière insinuation était habile. Le collége des Jésuites un embarras, une charge pour la ville ! mais comment donc ? c'est un privilége digne d'envie, un cadeau inappréciable, un prix proposé aux villes dévouées et bien pensantes. Hâtez-vous, dignes habitants de Caen, ou les bons Pères vous échappent, et vos compères de Falaise vous les enlèvent à votre barbe.

Ainsi pensait sans doute l'un des deux avocats du Roi, De La Serre. Il y avait bien par la ville des gens qui s'imaginaient que l'Université de Caen, éprouvée par deux siècles de succès et de célébrité, était *très-suffisante à l'instruction de la jeunesse*, que, l'évêque de Bayeux *ayant toujours esté soigneux d'envoyer des meilleurs prédicateurs de la France*, il n'en était besoin d'autres; M. De La Serre, lui, voyait dans l'appel des Jésuites toute une ère nouvelle, une régénération de la foi et des lettres, une pluie de bénédictions qui allaient tomber sur la ville de Caen.

« Ce n'est de ce jour, dit-il, que sa Majesté monstre « et faict paraistre son ardente affection et bonne vo- « lonté envers ceste ville et les habitans, pourquoy il « convient la remercier très-humblement et la supplier « qu'il lui plaise continuer ladicte bienveillance; et à « ceste fin qu'il soit envoyé un député exprès par devers « elle. Quant à l'establissement du collége, il n'y a point « de doubte qu'il en sortira un grand fruict par la dis- « cipline exacte que tiennent les Pères Jésuistes, toute « autre que celle des Universitez, qui maintenant s'estant « relachées de l'ancienne règle ont rendu la jeunesse « moins instruicte qu'elle ne seroit s'ils (les Jésuites) y « avoient tenu la main. » De là de merveilleux avantages pour tous les ordres de la ville et de la généralité de Caen, l'Eglise, l'Université, la Noblesse, la Justice, les Finances et tous autres bourgeois, et même les marchands et les artisans; « qui tireront parti de la fréquence des écoliers. »

Après M. De La Serre tous les assistants furent appelés à donner leur opinion, les uns la motivant et la développant, les autres s'en référant simplement à l'avis de tel ou tel qui avait parlé avant eux. Sur le principe de l'admission des Jésuites, on eut une quasi unanimité (40 voix sur 48). Mais pour le plus grand nombre (26), cette admission n'était que conditionnelle et subordonnée aux ressources de la ville. Huit membres seulement refusèrent leur adhésion à la mesure (1); deux d'entre eux représentaient tout un corps, l'Université.

Un bourgeois, Noël Gambier, fut d'avis « que S. M. soit suppliée de nous dispenser de les recevoir en ceste ville. » Un autre, Gilles Quesnot, qui ne partageait pas la noble et chaude émulation de l'avocat De La Serre, dit naïvement « que si c'estoit le bon plaisir de S. M., lesdicts Pères Jésuistes seroient mieux à Falaize qu'en ceste ville. » Deux autres (2), appelés pour dire leur avis, refusèrent de voter et sortirent de la salle. Un professeur de la Faculté des Arts et le principal du collége des Arts ne voulurent point s'expliquer sur la réception.

Une opposition plus significative était celle de Pierre De Sonès, docteur et professeur en droit, curé de St.-Julien, et de Claude Collin, principal du collége du Mont, qui déclarèrent *avoir charge de l'Université, de demander temps de sur ce délibérer.*

Mais ce fut quand on arriva aux moyens d'exécution que les avis les plus divers se produisirent. Sur la question du logement, l'un proposait de leur donner le collége des Arts; aussitôt la Faculté des Arts de protester, ce collége lui appartenant en toute propriété de temps immémorial; d'autres parlaient de celui du Mont ou collége royal; le principal de se récrier, avec peu de chance de succès, il est vrai: le collége du Mont, au dire des échevins, était à la ville qui l'avait acheté de ses

(1) « Ils n'avaient sans doute été appelés que pour sauver les chefs « de la convocation du juste reproche d'avoir choisi leurs sujets. » Dénonciation, etc. p. 30.

(2) Gilles Le Boucher, sieur de Flavigny, greffier au magasin à sel; Roch Le Tellier, bourgeois.

deniers (1). M. De La Serre, lui, ne trouvait l'un et l'autre collége ni assez beaux ni assez vastes *pour le logement desdicts Pères;* il avait une autre idée, c'était de prendre aux religieux de St.-François leur couvent qui était, disait-il, *très-grand et capable.* Quant aux Jésuites, ils avaient encore d'autres vues, sans en rien dire. Ils avaient donné la préférence au palais épiscopal et l'allèrent demander tout droit à Henri IV (2).

Ce n'était pas tout du logement; il fallait aussi pourvoir aux frais d'installation et d'entretien. Sur quels fonds? voilà l'embarras. Le patrimoine de la ville? Il n'y en avait pas, *ou si peu que rien* (3). Les octrois? Mais ils suffisaient à peine pour payer la taille et réparer les murailles de la ville. Restait l'octroi de l'Université, dont le produit était chaque année distribué aux professeurs pour leur entretien. Or, voilà que Me. Georges Euldes, conseiller au siége présidial vient proposer d'affecter aux Jésuites une portion de cet octroi: opposition de Pierre de Sonès, au nom de l'Université.

L'official Ambroise Le Gauffre, de son côté, offre de faire contribuer le clergé de la ville et du diocèse.

Jacques Le Maître, principal du collége du Bois, et avec lui, cinq autres tranchent la question: Qu'on les reçoive d'abord et après *il leur sera toujours bien pourveu des commoditez suffisantes.*

Mais l'avocat De la Serre propose un moyen héroïque; c'est de faire contribuer tous les habitants, chacun de ce

(1) Les Jésuites disaient qu'il était au Roi. Il n'avait été acheté ni de l'argent de la ville, ni de celui du Roi, mais bien, comme on le verra, des deniers de l'Université.

(2) Mais plus tard.

(3) Termes du procès-verbal.

qu'il pourra, « et si volontairement on ne le veut faire « comme il est adveuu ci-devant en urgentes affaires et de « piété auxquelles certaines personnes, quoique riches, « n'ont voulu contribuer, *il fauldra qu'ils soyent taxés* par « permission de S. M. »

Georges Euldes et De la Serre restèrent seuls de leur avis ; et comme, au milieu de ce conflit, on ne voyait en définitive aucun fonds applicable à l'œuvre proposée, il fallut bien s'en référer au sentiment des échevins qui était « De rendre grâces au Roy du bien qu'il « désire à ladicte ville, et, *si c'est sa volonté*, que « les dicts pères y seront reçeus : mais qu'il seroit à propos « de sçavoir à quoy se pourra monter ce qui seroit besoin « pour les accomoder et les recevoir, afin de voir si les « frais et les sommes qu'il conviendrait à cest effect, « seroient de la portée des habitans, et que à ceste fin « quelqu'un sera député, tant pour rendre grâces à S. M. « que pour conférer avec lesdicts pères et avoir un estat « certain de ce qu'ils prétendroient auparavant. »

Le sieur Du Rosel, trésorier de France, avec seize autres appuyèrent l'avis des échevins et ce fut dans ce sens qu'on rédigea, séance tenante une délibération portant que le Procureur-Syndic serait député vers le Roi, et *que les Pères Jésuistes seront reçeus en ladicte ville, puisque c'est la volonté de S. M.*, SI *ladicte ville peut porter ce qu'ils requèreront pour leur establissement; et pour le sçavoir ledict Procureur-Syndic confèrera avec lesdicts Pères et leur fera entendre que le Collége Royal de la ville de Caen dépend d'icelle, s'ils le tiennent commode et suffisant.* » Ensuite l'assemblée se sépara.

Ce résultat n'était, après tout, pour les Jésuites qu'un demi-succès. La lettre du Roi apportée par leur créature, d'Aubigny, enjoignait aux habitants de subvenir à ce qui serait nécessaire à leur établissement : « *et à ce ne faites faute* » ; et cependant rien n'avait été fait. L'important, à la vérité, c'était d'être reconnu, reçu ; comme disait le principal du Bois, on aviserait bien au reste plus tard : la compagnie, si pauvre et dénuée des biens terrestres qu'elle dût être d'après ses statuts, n'a-t-elle pas eu toujours quelque petite réserve pour l'avancement de l'honneur de Dieu?

Mais cette réception consentie, et avec restrictions encore, par un si petit nombre d'habitants illégalement réunis, était-elle bien réelle et pouvait-on s'en prévaloir sans risque? Les Jésuites, malgré l'assurance fanfaronne avec laquelle ils proclament d'ordinaire leurs triomphes équivoques, ne le pensèrent pas ainsi et crurent prudent de temporiser, de négocier encore.

Le P. Coton écrivit donc à ses bons amis les maire et échevins de Caen une belle lettre, toute confite en charité, humilité et actions de grâces (1), pour les remercier des bonnes intentions qu'ils avaient montrées envers la Compagnie, mais surtout pour stimuler leur zèle et provoquer des efforts plus efficaces.

« *A MM. les Maire et Echevins de la ville de Caen.*

« Messieurs,

« Si la divine providence ordonne que nous vous

(1) « Que nos pères se souviennent tous de demander modestement et religieusement le moyen d'exercer les ministères de la Société, et qu'ils tâchent de s'attirer la bienveillance principalement des ecclésiastiques et des séculiers, de l'autorité desquels on a besoin. » *Monita secreta* ou Instructions secrètes des Jésuites (c. 1, § 2), publiées à Cologne, chez Pierre Marteau, 1733, réimprimées en latin et en français, cette année, à Blois.

servions un jour de plus près, j'espère que nostre Société aura quelque moyen de reconoitre l'honeur que vous lui faittes de la desirer, l'obligation très-grande qu'elle vous a de l'avoir si affectueusement acceptée de la main du Roy nostre commun seigneur et monarque ; en mon particulier je m'en sens vostre très-redevable, et vous en remercie de toute l'estendue de mes forces. M. de Bellefons sollicitera la verification des patentes et l'annexe de Sainte-Barbe en Auge, que S. M. a singulierement recommandé à Monseigneur le premier Président à son départ d'icy ; et le P. Gontier, qui est présentement à Dieppe, ne manquera soudain après Pasques de vous aller remercier de vive voix sur les lieux, recevoir voz commandemenz, et adviser de l'endroict où il vous plairra *nous loger plus convenablement* pour vous rendre le service que nous vouons des maintenant à vous et à *toute la patrie*, de telle affection et plenitude de volunté que je suis,

« Messieurs,

« Votre serviteur très humble et très affectionné en N. S

« Pierre Coton

« de la compagnie de Jésus.

« A Paris le 11 mars 1608. »

Le *logement* c'était là la grande question à vider ;

Tendimus in Latium, sedes ubi fata quietas
Ostendunt......

Mais voici venir le héros, le *Deus ex machinâ*, le P. Gontier, avec son arsenal de pieux artifices, et de faconde invincible. A lui la grosse artillerie, à lui la sape et la mine ; les soldats de M. de Fervaques aidant, il entrera par la brèche.

CHAPITRE IV.

Toujours la question du logement. — Les Jésuites convoitent le collége du Mont. — Vicissitudes de ce collége. — Intrigue pour écarter le principal, Claude Collin.

La société promenait sa convoitise du collége du Mont au collége des Arts, du couvent des Cordeliers au Palais épiscopal, frappant à la fois à toutes les portes, comptant bien s'en faire ouvrir une.

L'Université de Caen comprenait alors outre quatre facultés (1) ou *grandes écoles*, quatre *petites écoles* ou colléges (2). Le plus florissant et le plus fréquenté de ces colléges était celui du Mont. Huit cents élèves externes, vingt-deux pensionnaires (3), des batiments à l'avenant; l'inventaire était séduisant. Un mot sur les vicissitudes de cet établissement.

Vers l'an 1430 l'abbé du Mont-St.-Michel avait fondé à Caen, en face de l'église, aujourd'hui abandonnée, de St.-Etienne-le-Vieux, un hôtel ou manoir (*manerium*)

(1) Les Facultés de Droit canon et de Droit civil qui dataient de la fondation (1431); celles de Théologie et des Arts qui y furent ajoutées ensuite.

(2) Ceux du Mont, du Cloutier, du Bois, des Arts.

(3) Tel était le chiffre des élèves de ce collége, lorsqu'en 1609 il passa des mains de Claude Collin, principal, dans celles des Jésuites (Huet, *Origines*, p. 277). N'est-il pas probable que toute une année de débats et d'incertitude, qui précéda cette cession forcée, avait dû faire diminuer le nombre des élèves, des pensionnaires tout au moins?

destiné à loger les religieux et les pélerins du Mont à leur passage par la ville. Il y établit en même temps une école qui jusqu'à la fin du XVe. siècle porta le nom modeste de *Pédagogie*. Mais en 1507 nous la voyons pour la première fois désignée sous le titre de Collége du Mont, *famatissimæ domûs de Monte collegialis* (1). La renommée de cette maison s'étendait au loin; et les études y furent prospères, l'affluence des écoliers très-grande, jusqu'à l'époque des guerres de religion.

Caen fut en France un des premiers théâtres de ces luttes à jamais déplorables. Toutes les relations sociales furent bouleversées, brisées, les arts de la paix délaissés; la trompette guerrière fit taire le murmure laborieux des écoles, et, comme on eût dit alors, les doctes sœurs s'enfuirent effarouchées devant l'épée de Mars et les flambeaux d'Erinnys. Lorsque les protestants, maîtres de Caen, en 1562, dévastèrent les églises, souillant d'une main sacrilége les ornements du culte et renversant les images des saints, les statues des sept arts libéraux, placées devant la façade des grandes écoles, ne trouvèrent pas même grâce devant leur fureur iconoclaste. Les écoliers disparurent, les classes devinrent désertes et, en 1563, le principal du Mont, Bernard, étant mort de la peste, les exercices cessèrent entièrement.

L'abbaye du Mont-St.-Michel vendit même la maison en 1579 et le collége devint un magasin de marchandises (2).

(1) V. sur tout cela les notes manuscrites ajoutées par l'abbé De La Rue, à son exemplaire des *Origines* de Huet. Cet exemplaire précieux (relié en deux volumes, petit in-8°., avec des feuilles insérées entre chaque feuillet et enrichies de nombreuses observations) est à la bibliothèque de Caen.

(2) A Paris, pendant le second siége que cette ville soutint contre

Mais douze ans après, Caen, la cité royaliste, l'asyle hospitalier du parlement de Normandie, jouissant d'une paix profonde quand toute la France était encore en feu, s'émut de l'état misérable où étaient tombées les études. En vertu d'une délibération de la commune (9 septembre 1591), le maire et les échevins rachetèrent, au nom de l'Université, la maison du Mont (1).

La vieille école reconquit ses honneurs, et prit le nom de collége royal du Mont (*Collegium Regio Montanum*). On appela au principalat, en 1594 (2), Claude

Henri IV, les classes des colléges furent changées en étables. « Aussi « n'oyez vous plus aux classes ce clabaudement latin des régents qui « oblondoyent les aureilles de tout le monde : au lieu de ce jargon, « vous y oyez à toute heure du jour l'harmonie argentine et le vrai « idiome des vaches et veaux de laict, et le doux rossignolement des « asnes et des truyes qui nous servent de cloches *pro primo, secundo* « *et tertio*..... — Or, sçay je qu'il y a tantost trois ans que ce bon « marguiller et sa famille avec ses vaches médite jour et nuict la « philosophie en une sale de nostre collége, en laquelle il y a plus de « deux cents bonnes annees qu'on y a leu et traicté et disputé pu- « bliquement la philosophie, et tout l'Aristote, et toutes sortes « de bons livres moraux : il n'est pas possible qu'ayant ce bon homme « resvé, sommeillé et dormy tant de jours et tant de nuicts, entre « ces murailles philosophiques, où tant de sçavantes leçons et disputes « ont esté faictes, et tant de belles paroles proferees, il n'en ait « demeuré quelque chose qui ait entré et penetré dedans son cerveau, « comme au poete Hesiode, quand il eut dormy sur le mont Par- « nasse. » Harangue mise dans la bouche du recteur Roze aux états de la Ligue, dans la satyre Menippée.

(1) Au prix de 1,600 écus d'or, plus une rente annuelle de dix livres stipulée par le premier acheteur en faveur du Mont-St.-Michel. La maison avait passé par les mains de plusieurs propriétaires, entr'autres, du surintendant des finances d'O.

(2) Requête presentée par l'Université au parlement de Rouen, le 20 juillet 1608. Aux archives de la ville, reg. 42, f°. 60.

Collin, du diocèse de Châlons (1), licencié ès-lois, savant helléniste; et sous ce chef habile l'établissement acquit en peu d'années une éclatante prospérité dont le témoignage est irrécusable : 822 élèves, lorsqu'il y avait dans la même ville trois autres écoles rivales (2). C'est alors que les Jésuites vinrent disputer à Claude Collin la direction du collége du Mont.

Cette conquête fut préparée de longue main. Claude Collin, un homme si docte et de si bonne renommée, ne pouvait être dépossédé brutalement, mais cauteleusement, à l'amiable et sans qu'il s'en aperçût. Les Jésuites se firent les amis, les protecteurs du principal du Mont. A la fin de l'année 1607, à l'époque même où Henri IV poursuivait auprès de la commune de Caen l'établissement des Jésuites, le prieuré de l'*hospital et maison Dieu* était venu à vaquer par la mort de Gaspar Le Vavasseur, moine Augustin (3). La nomination et présentation à ce bénéfice appartenaient aux habitants, la collation à l'évêque de Bayeux. Pousser là l'honorable

(1) « Honorable et discrète personne, Maître Claude Collin licencié aux loix, clerc au diocèse de Châlons en Champagne et présentement professeur du Roy en la langue grecque et principal du Collége royal dudict Caen, fondé en l'Université dudict lieu. » Lettre adressée par par les Maire et Echevins de Caen à l'évêque de Bayeux, le 21 décembre 1607. Ibid., reg. 41, f°. 312.

(2) « Il avait toujours, comme il est notoire, entretenu en son « collége les plus doctes régents qu'il avoit pu trouver, tant de ce « Royaume qu'estrangers.... et encore de present se trouvent dans « ledict collége plus de 800 escoliers, tant de la Normandie que des « provinces voisines comme de la Champagne et Bourgogne. » Procès-verbal du 4 nov. reg. 42.—Huet, *Origines*, p. 253, 277.

(3) Lettre de présentation adressée par les Maires et Echevins à l'évêque de Bayeux. Reg. 41, f°. 281.

Claude Collin, puis l'ôter tout doucement de son collége, c'était pour les Jésuites un jeu d'enfant. Le P. Coton en parla à Henri IV. Aussitôt un arrêt du conseil privé (1) fut expédié à Caen pour recommander chaudement la candidature de Claude Collin ; le roi écrivit *lui-même* aux maire et échevins dans le même sens (2). Le 21 décembre, jour de St.-Thomas, les habitants de la ville, avertis la veille par les six sergents royaux (3), se réunirent en assemblée générale dans la salle du présidial (4). Les lettres du Roi furent lues; Claude Collin était nommé d'avance. Il y avait bien quelques petites difficulté ; les religieux Augustins remontrèrent que la Maison-Dieu avait été fondée et était restée de tout temps sous l'observance et la règle de leur ordre et « qu'il doibt estre eleu ung qui soit religieux profez du même ordre de St.-

(1) Du 14 décembre 1607.—Sur parchemin aux archives de la ville. Reg. 41, f°. 309.

(2) 16 déc. 1607. La lettre est au même registre f°. 310.—Qu'on juge combien Henri IV avait à cœur l'établissement des Jésuites à Caen. - Le 23 du même mois il écrivait aux Maires et Echevins la lettre que nous avons publiée ; même date, une lettre aux officiers du présidial sur le même sujet ; même date, une autre à M. de Bellefonds, dans le même sens.

(3) Les exploits des six sergents occupent, dans le Reg. 41, les f°s. 291—305. Ils sont datés du jeudi 20 décembre. Les noms des personnes convoquées sont au nombre d'environ 430. Avec ces exploits se trouvent dans le même registre les *ordres écrits* de convocation que, d'après la coutume, les officiers municipaux devaient délivrer aux sergents. Ils sont également datés du 20 et signés : *Vauquelin*, *De la Serre* et *Beaullard*.

(4) Requête présentée à l'assemblée de la ville le 21 déc. 1607, par six religieux « tous profez en l'ordre de St.-Augustin. » Reg. 41, p. 287.

Augustin (1) : » il fut passé outre. Mais le prieur devait être prêtre et Collin ne l'était pas : on exhiba un arrêt du conseil qui lui accordait un an pour se faire ordonner. Il fut élu, et le même jour les maire et échevins rédigèrent à l'hôtel-de-ville l'acte de présentation à l'évêque (2). Sept jours après, il avait déjà pris possession de son bénéfice (3). Qu'y eut-il d'irrégulier dans l'assemblée qui fit cette élection, c'est ce que nous ne pouvons savoir directement, le procès-verbal n'en existant plus. Mais il est à présumer que tout ne se passa pas dans les formes d'une stricte légalité : la main des Jésuites était là. Il y a là-dessus un témoignage qui laisse à penser.

Le 27 décembre 1607, Eléazar Malherbe, conseiller au siége présidial de Caen, délivra à Justin Criquet et Jacques Maillard « *parlant pour les feaux et amez habitans de Caen* » l'autorisation de se faire représenter par le greffier de la ville M. Pierre Beaullard « le procès-verbal de la *prétendue* assemblée tenue le jour de saint Thomas (21 déc.).... ensemble copie du *prétendu* extrait de l'arrest dont M. Vauquelin, contrôleur général, auroit faict lecture à l'assemblee ; » en outre, copie de l'acte d'élection de M[e]. Claude Collin, en vertu duquel il auroit pris possession du prieuré » (4).

Le greffier refusa les communications demandées : sur ce, nouvelle poursuite de M. Eléazar Malherbe (28 déc) : acte donné (même jour) par M. Vauquelin, où il est dit

(1) Id. ibidem.

(2) Lettre de présentation citée plus haut.

(3) Protestation de Jacques Maillard du 28 décembre 1607 ; reg. 41, f°. 284.

(4) Id. Ibid.

que le greffier n'ayant pas encore « mis en forme », le procès-verbal de l'assemblée, il lui est enjoint de le faire au plutôt et de le communiquer aux poursuivants (1).

Que devint cette protestation : elle fut sans doute étouffée: car il n'en reste pas d'autre trace, et Claude Collin resta prieur.

On s'était bien gardé de lui faire connaitre d'avance le prix auquel on mettait son élection. Prieur de l'Hôtel-Dieu, il avait conservé le principalat du Mont, et, dans l'innocence de son cœur et la sécurité de son âme, il cumulait laborieusement les charges et les profits de sa double dignité, lorsque tout-à-coup, le 8 février 1608, au milieu de la délibération que nous connaissons, des profanes viennent disposer de son beau collége, l'offrir aux Jésuites (2).

Qu'était devenue cette tant chaude amitié des bons Pères? Excellent homme ! comme si la Compagnie donnait jamais *gratis*.

(1) Protestation de Jacques Maillard du 28 décembre 1607 ; reg. 41, f°. 283.

(2) « Et leur fera entendre (aux Jésuites), que le collége royal de la ville de Caēn dépend d'icelle, s'ils le tiennent commode et suffisant. » Ce sont les termes même de la délibération du 8 fév. 1608.

CHAPITRE V.

Indécision des magistrats de Caen. — Le parlement de Rouen est à la discrétion des Jésuites. — Protestation de l'Université. — Les Jésuites abandonnent le Collége des Arts pour le Collége du Mont, le Collége du Mont pour le Palais de l'Evêque.

Les officiers de la municipalité de Caen étaient-ils entraînés vers les Jésuites par leurs sympathies personnelles ou par la crainte de déplaire à Henri IV? Nous n'affirmons rien. Toujours est-il qu'ils paraissent fort embarrassés de ce rôle de fourriers de la Société qu'on leur faisait jouer. Le procureur syndic Baucher est envoyé à Paris pour offrir aux Pères le Collége du Mont; et plus tard, il viendra déclarer publiquement qu'il ne leur a fait aucune offre de maison, ce qui se jugera aisément, dit-il, par la lettre du P. Coton (1). Il y a mieux: à peine est-il parti, que le Maire et les Echevins, changeant brusquement d'avis, proposent non plus le Collége du Mont, mais le Collége des Arts. L'Université protesta et présenta au parlement de Rouen une requête datée du 1er. mars, au nom

(1) Procès-verbal de l'assemblée générale du 4 nov. 1608; archives de la ville de Caen, reg. 42, f°s. — Voir la lettre du P. Coton citée plus haut; le procureur-syndic était auprès du P. Coton au mois de février, et celui-ci écrivait le 11 mars aux maire et échevins, pour les prier « d'adviser à l'endroit où il vous plaira nous loger plus convenablement. »

des Recteur, Doyens et Docteurs de l'Université, pour supplier la Cour « d'interposer son auctorité à ce que les Pères Jésuites ne puissent avoir le Collége des Ars que les Maire et Echevins avoient arresté de leur donner pour logement (1). »

Il n'était pas difficile à l'Université d'établir son droit. La Faculté des Arts avait acheté, le 26 novembre 1460, plusieurs maisons qu'elle répara et agrandit, et y fonda, sous la direction de plusieurs maîtres-ès-arts, un collége qui porta son nom. Elle s'était réservé la nomination du principal et comme marque publique de son droit, elle avait fait construire cette façade, ornée des emblêmes des sept arts libéraux, que les protestants détruisirent en 1562 (2).

Cette protestation fut d'abord tenue secrète à Caen comme on en peut juger par la lettre suivante que nous retrouvons aux archives.

« *A MM. les Maire et Eschevins de la ville de Caen.*

« Messieurs,

« Vous serez advertis que Messieurs les Recteur, Doyens et Docteurs de l'Université de Caën m'ont poursuivi de respondre sur une requeste par eux présentée à la Cour, pour empescher l'establissement du College des Jesuistes au Collége des Arts de ladite Université, laquelle avait esté signifiée à monsieur Coulombelles procureur-syndic parlant en ceste ville; et

(1) Archives, reg. 42, au premier cahier, non paginé.

(2) Huet, *Origines de Caen*, p. 281. — Livre des Tabellions de Caen, cité par De la Rue, dans ses notes manusc. à l'ouvrage de Huet.

autant que je n'ay veu charge de fondée en ceste instance, et craignant ne voulliez proceder, en ne parlant, de refuser response sur ladite requestre, *dont je vous ay bien voulu donner advis*, pour y donner ordre comme bien entendez, et m'en mandez ce qu'il vous plaira; et d'autant qu'il ne s'est rien passé de nouveau par delà qui soit venu à ma cognoissance, je ne vous feray plus longue lettre, sinon que je prie Dieu qu'il vous tienne en sa garde, etc.

DE WALLON.

A Rouen ce 28 juing 1608 (1). »

Ce M. de Wallon si bien porté pour les Jésuites était apparemment un magistrat du parlement de Normandie; je dis apparemment, d'après les termes mêmes de la lettre; car à son nom ne se trouvent joints aucuns titres ni qualités. Les parlementaires de Rouen n'éprouvaient point alors pour les Pères cette franche répulsion, cette haine vigoureuse qu'ils firent éclater plus tard, lorsque les premiers ils ouvrirent la croisade des Cours souveraines du royaume contre la dangereuse Société de Jésus.

Pendant que leurs confrères de Paris faisaient entendre d'énergiques protestations contre la réintégration des Jésuites, en 1604, non-seulement ils enregistraient sans résistance les lettres royales qui accordaient un collége à la Société à Rouen (5 avril 1604), mais ils se cotisaient pour fournir à l'entretien du nouvel établissement. Chaque président dut donner vingt écus, chaque conseiller et les gens du Roi dix écus; les autres

(1) Archives, reg. 42, f°. 20.

officiers à proportion; les avocats et procureurs furent exhortés à contribuer à l'œuvre (1).

C'était alors une terre promise pour les bénis pères, que cette grande ville de Rouen, qui l'une des dernières avait abaissé l'étendart de la Ligue devant l'épée victorieuse du Béarnais. Les vieux ligueurs étaient pour eux par sympathie, les gens du roi par obéissance: ils furent bientôt maîtres et seigneurs; et toutes les affaires ne se firent que par leurs mains. — Un personnage de qualité qui habitait Rouen, écrivait vers cette époque à Pierre de l'Estoile (2):

« Nos fibulaires (Jesuistes) s'establissent fort en ceste province ; ils entreprennent merveilleusement sur les autres ordres, et par leurs artifices crochettent plusieurs bons bénéfices: pourquoy le plomb de Rome ne leur manque, non plus que la cire de France (3). Ils ont tant de partizans dans ce parlement, *qu'ils sont juges et soliciteurs*, et passe on par dessus les appellations comme d'abus les plus justes; il faut que je vous die la repartie d'un de nos conseillers sur ce qu'un autre l'alloit solliciter ces jours-ci en faveur desdits pères, lui remonstrant combien ils sont utiles, et cætera; et au contraire déprimant certains moines, qu'il disoit n'estre que des ventres et des ignorans: « Je voy bien ce que c'est,

(1) Dénonciation faite à nosseigneurs du parlement de Normandie etc., 1762, p. *xj*.

(2) Registres journaux de P. de l'Estoile, febvrier 1610, t. 4 (dans la collection Petitot), p. 369 et 370. La lettre est du 3 février. Ces mémoires journaux de l'Estoile sont la source la plus complète et la plus estimée pour l'histoire des règnes de Henri III et Henri IV.

(3) *Plomb*, *cire* c'est-à-dire les sceaux des bulles pontificales et des lettres royales.

« dit-il, vous voulés desferrer ces pauvres asnes, pour « ferrer ces genets d'Espagne (1). »

Tel était alors le parlement de Rouen ; et c'est avec une complaisance nouvelle qu'il venait d'enregistrer (2) les lettres-patentes qui établissaient les Jésuites à Caen. Il fallait que le droit de l'Université de cette ville sur le Collége des Arts fût bien incontestable pour que sa réclamation fût accueillie : elle le fut effectivement malgré les espérances et les efforts de M. de Wallon et de ses amis.

Le Maire, ou plutôt les Jésuites, revinrent alors à leur premier projet sur le Collége du Mont. Le P. Jouvency, l'historien de la Société, a dit que ce collége avait été acquis des deniers du Roi ; *regia pecunia emptum à magistratibus* (3) ; et le savant Huet l'a répété d'après lui. C'est un mensonge que les Jésuites imaginèrent pour justifier leur usurpation. Le contrat d'acquêt (4) portait au contraire qu'il fut acheté *des deniers de l'Université*, et non de l'argent du Roi, ni de celui de la ville. Le contrat fut, il est vrai, passé à la suite d'une dé-

(1) Les Jésuites passaient généralement pour être en France les agents dévoués de la politique Espagnole. Un jour (22 janv. 1604) que le Roi sortait du Louvre, on trouva sur le pavé le quatrain suivant :

Autant que le Roy fait de pas,
Le Pére Cotton l'accompagne ;
Mais le bon Roy ne songe pas
Que le fin cotton vient d'Espagne.

(2) 17 mai 1608.

(3) Juventius, loc. cit. p.

(4) L'abbé De la Rue parle de cette pièce comme l'ayant sous les yeux. Note manusc. aux *Orig.* de Huet, p. 277.

libération de la commune (1), mais au nom de l'Université, et le prix (1,600 écus d'or, plus une rente de 10 livres à l'abbaye du Mont-St.-Michel) en fut payé sur le produit de l'octroi de l'Université et des dons gratuits de ses membres (2). L'Université adressa une seconde protestation au parlement le 20 juillet 1608; l'affaire resta pendante jusqu'à l'année suivante.

Craignant un nouvel échec de ce côté, les Jésuites se mirent à courir un autre lièvre. Ils demandèrent à Henri IV l'Officialité. C'était ordinairement quelque simple et chétive maison ou seulement une grande salle où se

(1) Du 9 sept. 1591, confirmée par arrêt du parlement, avril 1592. — Requête de l'Université, du 20 juillet 1608. Archives, reg. 42, f°. 60.

(2) « A nos seigneurs du parlement. Supplient humblement les Recteur, doyens, docteurs, régents, professeurs et supposts de l'Université de Caen ; et vous remonstrent que, suivant les délibérations faictes tant en l'hostel commun de la ville dudict Caen qu'à l'Université, aist esté arresté que certaine maison ou maisons, de tout tems appelées le collége du Mont seront acquises au nom, profict et usage de ladicte Université, tant des octrois à eulx accordez par S. M., que des dons gratuits faictz par les officiers de ladicte Université..... Pourquoi il vous plaise leur octroyer commission pour faire opposition aux maire et échevins de ladicte ville, et faire assigner les parties en ladicte cour. Ce vingtième jour de juillet mil six cent huit. » — Henri III, à la demande des états de Normandie, avait accordé 6 deniers sur chaque minot de sel vendu dans la province, pour doter l'Université. Le receveur de la ville faisait la recette de ces 6 deniers et en était comptable à l'Université. Les deniers qui étaient en caisse n'étant pas suffisants pour l'achat du collége du Mont on emprunta de l'argent au denier dix, et les professeurs abandonnèrent leurs gages pendant quelques temps pour rembourser l'emprunt. C'était donc à l'Université et non au roi que le collége appartenait.

jugeaient les causes ecclésiastiques portées devant l'official, représentant de l'évêque. Le roi se rendit facilement à une demande si modeste. Heureux usage de l'équivoque! Ce qu'on appelait à Caen l'Officialité, était une vaste et magnifique demeure (1), et Henri IV, sans le savoir, donnait aux Jésuites le palais des évêques de Bayeux. C'est ainsi que le comprit l'official et grand-vicaire Ambroise Le Gauffre.

« Au seul nom d'officialité dont usent les lettres du Roi, on voit, dit-il, que S. M. a pensé demander l'échange d'une simple place de plaidoierie, peu conséquencieuse à la ville; au lieu qu'il est question d'un palais ou manoir épiscopal, basti dès il y a longtemps, en considération de la grandeur de Caën, avec commodité non-seulement d'auditoire, prisons et autres places necessaires pour la jurisdiction; mais aussi de chambres, offices, écuries pour la demeure de nos Evesques, de chapelle pour les [*illisible*] des saints ordres, consécrations, absolutions et autres fonctions de leurs charges, de salle spacieuse pour les assemblées du clergé et graduations d'Université, de grands jardins et belle cour pour la bienséance d'une maison si fort qualifiée » (2). Là donc encore on devait rencontrer une vive opposition.

(1) Située rue Neuve St.-Jean.

(2) Procès-verbal du 4 nov. 1608.

CHAPITRE VI.

Ce que devient la mission du P. Gontier. — Portrait de ce Père. — Ses rapports avec Henri IV. — Ses prédications à Paris.

Jusqu'à présent, ce semble, la mission du père Gontier n'a pas merveilleusement avancé les affaires de la Société. Le choix était-il habile en effet et l'homme approprié à la négociation? la chose est douteuse, et, puisque l'occasion m'en est offerte, il me prend envie de faire revivre un instant ce personnage auquel les biographies muettes n'ont pas même accordé un extrait de naissance et de mort, et qui ne fut cependant pas un des moins en renom chez les hommes de son temps.

C'était un italien, comme je l'ai déjà dit, né à Turin, en 1562. A quelle époque il entra dans la société et quand vint-il en France, je l'ignore. On le trouve à Paris en 1604: il s'y faisait appeler indifféremment Gonteri ou Gontier. Dans toutes les affaires importantes de la Société, sous le règne de Henri IV, nous le rencontrons toujours de moitié avec le P. Coton. Il allait peu à la Cour; la Cour ne l'en estimait pas moins ou plutôt le craignait: c'était là le domaine du P. Coton; à chacun le sien. Lui, il régnait sur le peuple des paroisses.

Il y avait pendant le Carême de l'année 1604 trois prédicateurs qui se disputaient *toute la presse de la ville* et qu'on désignait par trois noms différents, le *docteur*, l'*orateur*, le *prédicateur*. Le premier était un cordelier portugais qui prêchait à St.-Paul; le second, le P. Coton, à la Cour; le *prédicateur* par excellence, c'était le P. Gontier qui prêchait à St.-Jean.

Le P. Coton et le P. Gontier formaient un contraste complet. L'un était *doué de toutes les parties requises en un bon courtisan*, il avait une réthorique élégante et tant soit peu raffinée; souple, mielleux, il était de composition facile avec les petits scandales de la cour du *diable-à-quatre*. L'autre brillait plutôt par l'emphase et les accents passionnés de sa parole que par la sagesse des idées; il avait une éloquence de tribun, une faconde sonore et presque sauvage qui remuait et enlevait la foule. Son rôle à lui, c'était l'austérité, la sévérité inflexible : point de quartier pour l'hérésie ni pour les vanités mondaines. Il avait de ces coups de boutoir à la Bourdaloue qui faisaient crier *sauve qui peut* à madame de Sévigné, et parfois le voyait-on d'une rare hardiesse.

Un jour qu'il prêchait à St.-Gervais, le roi vint l'entendre avec la marquise de Verneuil et cet essaim coquet de dames de la cour qu'il menait partout avec lui. Ces dames, sans respect pour la sainteté du lieu et médiocrement émues par les grands éclats du P. Gontier, riaient et caquetaient. « Sire, s'écrie le prédicateur au milieu de son sermon, Sire, ne vous lasserez-vous jamais de venir *avec un sérail* entendre la parole de Dieu? » Ne croirait-on pas entendre un de ces hommes du désert, ceints d'une grossière toison, avec la voix de Dieu pour toute arme, qui venaient flétrir et braver les rois de Tyr et de Juda au milieu de leurs coupes d'or et de leurs fêtes idolâtriques?

Henri IV se montra bon pénitent: le sermon fini, il

prit à part le prédicateur et le remercia de ses corrections, le priant seulement de ne les plus faire si publiquement.

La galanterie n'était pas du reste son plus grand crime aux yeux du rigide casuiste. Le roi n'avait pu ni voulu rompre avec toutes ses vieilles amitiés huguenotes; il avait signé l'édit de Nantes et donné à l'hérésie un état légal dans le royaume. Son ami le plus cher, son conseiller le plus intime, son *alter ego*..... aux affaires du royaume, n'était-ce pas un damné huguenot; et le roi n'avait-il pas une fois donné gain de cause à Sully niaisement calomnié par le P. Coton (1)? Aussi fallait-il voir comme s'ébattait le P. Gontier frappant de grands coups à droite, à gauche sur les hérétiques, sur le roi, sur les faux catholiques. Dans la chaire, hors de la chaire, à la cour, à la ville il était toujours sous les armes, combattant du fouet et de l'épée.

Dans l'année 1607, par exemple, il publiait à Paris sa très-peu *fraternelle correction* à M. du Moulin, docteur fameux alors de l'église protestante (2). La même année il faisait imprimer à Caen, dans le premier voyage qu'il y fit, un livre intitulé: *La vraie procédure pour terminer le différent en matière de religion* (3);

(1) A propos des difficultés que les Jésuites rencontrèrent à se faire accepter à Poitiers, le P. Coton avait supposé de fausses lettres de Sully, dans lesquelles celui-ci allait contre la volonté du roi. Sommé de montrer les originaux, il dit qu'un valet les avait brûlés par mégarde. L'évêque de Poitiers vint lui-même témoigner contre le mensonge. OEconomies royales, an. 1607.

(2) *Correction fraternelle faicte à M. Du Molin*, Paris, chez Chappelet, 1607, in-12.

(3) Caen, 1607, in-8°.

vraie, c'est possible; mais « fort mauvaise pour s'accorder, dit l'Estoile, quand on met tout d'un costé et rien de l'autre (1). »

Aux fêtes de Noël de 1609, nous le trouvons prêchant trois jours de suite devant le roi. Ses sermons ou plutôt ses déclamations avaient pour thème, l'hérésie. « Quelle honte, s'écriait-il, quelle honte pour les catholiques de souffrir parmi eux ces huguenots, cette *vermine*, cette *cainaille*! » Puis se retournant vers le roi, avec une apostrophe vraiment pathétique et jésuitique: « S'il en est ainsi, comme ils le veulent faire croire, Sire, que le Pape soit l'antéchrist; que sera-ce de votre mariage, Sire? Où en est la dispense? Que deviendra M. le Dauphin (2)? »

A ces propositions séditieuses, les courtisans se signèrent d'horreur: toucher si audacieusement au principe de la légitimité royale, à ce principe aussi sacré à leurs yeux que parole d'évangile! Le roi fit bien la grimace, mais il dissimula et parla de la chose moins qu'homme de sa cour. Personne ne comprenait rien à cette patience; on en tenait maints propos graves ou légers, et le maréchal d'Ornano, dans une saillie de brutale franchise, alla jusqu'à dire au roi: « Par Nostre-Dame, la bonne mère de Dieu, Sire, si ung Jésuiste à Bordeaus eust presché devant moi ce que le P. Gontier a presché à Paris, en presence de vostre Majesté, je l'eusse fait jeter dans l'eau au sortir de sa chaire (3). » Pierre de l'Estoile jugeait mieux de la conduite de Henri, et, le jour

(1) T. 4, p. 36.
(2) Id. T. 4, p. 348 et 349.
(3) Id. ibid., p. 361.

même, il enregistrait cette réflexion profonde, toute banale qu'elle puisse paraître : « Les desseins des rois sont cachés aux plus grands et accorts : tant s'en fault que la cervelle d'un commun et d'un peuple y puisse pénétrer. »

Les incartades du P. Gontier devinrent telles à la fin que le roi décida, au mois de janvier 1610, que le P. Gontier, à cause de ses *trop hardies et insolentes prédications*, ne prêcherait plus aux paroisses de Paris, et seulement à sa cour et devant lui..... A la cour, en vérité, c'était sans conséquence, on y était trop bon royaliste. Mais aux paroisses le populaire était facile à émouvoir ; la chaire, c'était la tribune, la presse de ce temps, et le P. Gontier ne serait pas mal représenté aujourd'hui par l'*Univers religieux*.

L'exil du P. Gontier dura peu. Un petit mot du P. Coton, et le roi révoquant sa défense, lui remit la bride sur le cou. Henri IV subissait plutôt qu'il n'aimait la Société de Jésus, nécessité tyrannique qui de plus en plus l'enlaçait et pesait sur sa couronne. Voilà le secret de son indulgence, de ces faveurs extraordinaires ; c'étaient autant de sacrifices faits à la politique, sacrifices bien amers et douloureux sans doute. La rentrée des Jésuites n'avait-elle pas été le gage de sa réconciliation avec le Saint-Siège (1) ? Ne fallait-il pas donner en France des preuves au catholicisme, lorsqu'on s'apprêtait à combattre au-dehors la très-catholique maison d'Autriche et qu'on donnait la main à tous ces princes protestants d'Allemagne, à cette hérétique Hollande, rebelle à Rome et à l'Espagne ?

(1) V. là-dessus la volumineuse correspondance du cardinal d'Ossat, ambassadeur du Roi à Rome.

Hé bien ! sur ce terrain encore le zèle intolérant du P. Gontier poursuivit Henri IV. Celui-ci revenait de St.-Denis, la veille même de sa mort, prêt à partir pour la frontière d'Allemagne où l'attendait son armée. Il rencontra le P. Gontier. « Eh bien, mon père, lui dit-il, je m'en vay en mon armée. Mès que j'y sois, prierés vous pas Dieu pour nous ? — Hé, Sire, lui respondit ce caffard (1), comment pourrions-nous prier Dieu pour vous, qui vous en allés, en un pays plain d'herétiques, exterminer une petite poignée de catholiques qui y restent ! » Le roi tournant la tête de l'autre côté : « c'est le zèle, fit-il en riant, qui transporte ce bon homme ; » et n'en dit autre chose.

Parlerons-nous de ce sermon qui suivit l'horrible attentat de Ravaillac, ce trop fidèle exécuteur des théories de Mariana ; sermon où, répondant à cette question *an tyrannum occidere liceat* (2), le P. Gontier versa sa bile sur le parlement qui avait condamné au feu le livre du Jésuite espagnol ? « Pour ung demi feuillet, qu'il estoit aisé d'en oster, n'est-il pas bien dur de brusler tout le livre ? » Puis éludant grossièrement la question : « Mon prince, s'écria-t-il, qu'as-tu jamais fait en ta vie pourquoi on te deust tenir pour tyran ? Mais qu'est-ce que tu n'as point fait, au contraire, pour estre reconneu un grand et saint roy, tel que tu estois ? » — *Tournant le tout en charlatannerie et en une apostrophe ridicule ; et comme s'il eust voulu dresser une apologie pour*

(1) P. de l'Estoile, t. 5, p. 80. — Il ajoute : « Celui qui me l'a dit y estoit, et l'a entendu de ses deux oreilles ; et si sçay qu'il ne ment point. »

(2) S'il est permis de tuer un tyran.

la défense de ce que personne n'impugnoit, il se rendit ridicule à tous les hommes d'esprit (1).

Dirons-nous aussi ses déclamations furibondes contre les catholiques modérés, *pires cent fois que les huguenos, serpens que la terre couvoit en son sein?* contre les réformés sur lesquels il appelait les horreurs d'une nouvelle St.-Barthelemy? « Les huguenos se sont vantés d'estre 900,000 âmes de leur religion en France: c'est beaucoup, mes amis; mais quand ainsi seroit et que le compte en fust bon, qu'est-ce au pris de celui de nous autres bons catholiques? Je m'asseure que nous nous trouverons estre cinq fois, voire six et sept plus qu'eux; *il n'y en a pas pour un bon dejuner!* . . . . . O catholiques vraiement léthargiques, qui ne sentez les affronts que vous font chacun jour les huguenos, lesquels vous souffrez devant vos yeux prendre tel accroissement! Il y a grand danger que bientost vous ne sentiez les effects de vostre lacheté, si vous ne les prévenez, *et bientost* (2). »

Pendant le mois de juillet 1610, le P. Gontier continua ses sanglantes prédications, *cornant la guerre* du haut de la chaire chrétienne; scandale, douleur immense pour les vrais catholiques, *non seditieus comme lui; mais gens de bien, amateurs de la paix et du repos publiq* (3). Et dans quel moment, bon Dieu? Lorsque la France atterée saignait tout entière sous le poignard qui avait percé son roi; lorsque le gouvernement flottait incertain et débile aux mains d'un roi mineur, d'une reine sans

(1) L'Estoile, t. 5, p. 47 et 48. — Ce sermon fut prononcé le 13 juin 1610 dans l'église des Jesuites au Petit-St.-Antoine.

(2) L'Estoile, t. 5, p. 91, 92, 100, 101.

(3) L'Estoile, t. 5, p. 91.

expérience et d'un favori étranger, lorsque les grands qui rêvaient encore de ces âcres, mais enivrantes saveurs de l'indépendance qu'ils avaient largement goûtées aux orgies de la Ligue, relevaient la tête et comptaient avec la royauté. Des paroles comme celles du Jésuite ne tombent point en vain sur la foule. Pendant quinze jours, il y eut dans Paris une sombre émotion, une anxiété terrible, comme s'il se préparait une grande catastrophe. Catholiques et protestants décrochaient leurs arquebuses, dérouillaient leurs épées et se barricadaient dans leurs maisons. Un instant on se crut au 25 août 1572, date à jamais néfaste dans les annales de l'humanité (1). Heureusement, la voix des hommes-sages l'emporta et toute cette fureur belliqueuse alla se résoudre dans les controverses du P. Gontier avec les ministres de Charenton (2).

Voilà donc ce qu'apportait à la France la société de Jésus : le fanatisme et la guerre intestine.—Mais ce sont là des paroles isolées, imputables à un homme, à cet homme seul.—Non ; désavouer ainsi les individus, les livrer comme victimes expiatoires à la justice de l'avenir, ce serait par trop commode. Le P. Gontier a prêché pendant douze ans à Paris, dans l'église des Jésuites, dans toutes celles de Paris ; il n'a prêché, et n'a pu le faire, qu'avec l'autorisation et l'approbation de sa compagnie.—Qu'on nous permette une simple question ? Cette société qui, au nom de l'unité catholique, de l'omnipotence pontificale, de la charité universelle, a fait tant de bruit et parfois de grandes

(1) La St.-Barthélemy.

(2) L'Estoile, t. 5, p. 91 à 101.

choses, a-t-elle jamais, à aucune époque, apporté un verre d'eau pour éteindre le feu de nos dissensions civiles?

Ce qui précède n'est point une digression oiseuse; nous le croyons du moins. Pour expliquer l'insuccès de la mission du P. Gontier à Caen, nous devions faire connaître l'homme. Ce fougueux prédicateur, qui ébranlait les bases de la légitimité, qui rallumait les bûchers des Berquin et des Dufour, le charger de jeter l'appât à une ville éminemment monarchique, à une ville qui sur vingt mille âmes comptait plus de six mille protestants, c'était un grossier et maladroit contre-sens (1).

(1) Le P. Gontier vint à Caen, en quittant Dieppe où il était au mois de mars, comme nous l'avons vu par la lettre du Père Colon, et comme nous l'apprend aussi ce passage de l'Estoile : « La nouvelle de la mort du P. Gontier, à Dieppe, où il preschoit le karesme, et qu'on disoit avoir esté empoisonné par les huguenos, fut vérifiée fausse par des lettres mesmes qu'on receust de lui à Paris où ceste fausse nouvelle estoit tenue pour véritable. » t. 4, p. 111 ; mars 1608. — On n'a point de détails sur les démarches du P. Gontier pendant sa seconde mission à Caen. Tout ce que j'ai pu savoir, c'est qu'accompagné des officiers municipaux, il alla faire l'inventaire des bâtiments du collége du Mont, ce qui provoqua la protestation de l'Université du 20 juillet 1608.

CHAPITRE VII.

Deux nouvelles lettres de Henri IV. — Agrégation irrégulière des Jésuites à l'Université de Caen. — Ce que signifie cet acte.

Vers le vingt d'octobre deux autres Jésuites, le P. Georges et le P. Dufour, arrivèrent à Caen (1). Ils étaient porteurs de nouvelles lettres du roi, une pour le maréchal de Farvaques, gouverneur et lieutenant-général du Roi en Normandie, une autre pour les échevins de Caen, d'autres pour l'évêque et le chapitre de Bayeux; et, en outre, de leurs lettres d'établissement avec l'acte d'enregistrement du parlement de Rouen. Voici les deux premières:

I. « *A mon Cousin le mareschal de Farvaques* (2).

« Mon Cousin,

« Aiant sçeu la continuation de vostre bienveillance à l'endroict des P. Jésuistes, dont je vous sçay très bon gré, je vous dirai que j'ay jugé estre à propos d'envoier deux d'entre eux par de là, pour terminer l'affaire du Collége de ma ville de Caën, tant en ce qui regarde la fundation perpétuelle dont on doibt traicter avec les magistrats, chefs et habitans de madicte ville, que pour les demeure,

(1) Ils étaient partis de Rouen le 19 octobre. — Observations des commissaires de l'Université au parlement en 1762, p. 25.

(2) Archives de la ville, Reg. XLII, f°. 107.

chapelle et habitacions que l'on m'a dit ne pouvoir estre plus commodément qu'en l'Officialité, et d'autant que vostre faveur et protection y sera tres utile, je vous prie de la leur continuer, et tesmoigner à tous ceus que besoing sera que c'est chose que je dezire pour la perfection d'un si bon œuvre. Priant sur ce N. S. vous avoir, mon Cousin, en sa saincte et digne garde. Escript à Paris, le dixiesme jour d'octobre 1608.

HENRY.

DE LOMENIE. »

II. « *A nos chers et bien amez les Maire et Eschevins de nostre ville de Caën* (1).

« Chers et bien amez, nous envoions en nostre ville de Caen deux des pères Jesuistes avec noz lettres closes, tant à nostre Cousin le mareschal de Farvaques, au sieur evesque de Baieux, qu'au chapitre dudict lieu, pour accommoder lesdicts pères du lieu de l'Officialité, plus propre que nul autre pour leur demeure et habitation; et ce moyennant la recompense raisonable qu'ils en offriront: à la reception desquelz, offres et recompenses, vous tiendrez la main comme à ce qui est de plus nécessaire pour l'establissement du college desdicts Peres: et que d'ailleurs c'est chose qui regarde le service et la gloire de Dieu et le particulier de nostre ville, auquel nous nous asseurons que vous serés tellement preparez, qu'il n'est besoing de vous en dire davantage, priant sur ce N. S. qu'il vous aist en sa saincte et digne garde. Escript à Paris le dixiesme jour d'octobre 1608.

HENRY.

DE LOMENIE. »

(1) Archives de la ville, f°. 108.

En attendant que les habitants fussent réunis pour délibérer sur le contenu de ces lettres, les deux Jésuites ne restèrent point oisifs et travaillèrent à gagner du terrain. Jusqu'alors les plus sérieux obstacles étaient venus de l'université. Se faire agréger à ce corps, non point escalader la place, mais y entrer par quelque fausse porte, c'était là un coup de maître; ils le tentèrent et réussirent.

L'agrégation était pour les Jésuites un point capital, une condition d'existence légale pour leur enseignement. Les universités avaient seules en France le droit de conférer les degrés académiques et seules aussi le droit d'y préparer les élèves. Les établissements particuliers érigés en-dehors des universités ne pouvaient tout au plus que donner une instruction préliminaire (1). C'est là une vérité de fait attestée d'une manière constante par toute notre ancienne législation, par la pragmatique sanction de 1436 (2), par le concordat de 1516 (3), par l'ordonnance de 1629 (4); nous citons cette dernière:

Art. 44. « A ce que les universités de notre royaume puissent être consacrées et entretenues dans la fréquence et célébrité requises pour l'avancement des bonnes lettres, nous défendons à toute personne, soit de l'université ou autre de *faire lecture publique ailleurs* qu'ès dites universités, etc.

Art. 16. « Nul ne sera reçu aux degrés d'une université qu'il n'ait étudié l'espace de trois ans dans ladite uni-

(1) Troplong, du pouvoir de l'Etat sur l'enseignement, chap. 20. in-8°., 1844.

(2) *De collat. benef.*, § 11 et 12.

(3) *De collat.*, § 4 et 5.

(4) Néron, t. 1, p. 796.

versité, ou en une autre pour partie du temps et en ladite université pour le surplus, dont il rapportera certificat suffisant.»

Or, ces degrés n'étaient pas exigés seulement à l'entrée des professions libérales, mais une grande partie des évêchés et des bénéfices étaient réservés aux gradués (1). Aussi la plupart des ordres monastiques qui avaient des colléges étaient-ils parvenus à les faire agréger aux universités dont ils partageaient ainsi les priviléges, mais en même temps les règles et la discipline.

Lorsque les Jésuites arrivèrent en France, ils apportaient avec eux la bulle du Pape Jules III, de 1550, qui leur octroyait le pouvoir de conférer à leurs disciples les degrés de bacheliers, licenciés et docteurs. Ce n'était pas moins que l'érection de leurs colléges en autant d'universités. A Rome le privilège était excellent; mais en France les Jésuites comprirent qu'en présence des privilèges de nos universités et des libertés de l'église gallicane, les concessions du Saint-Siége étaient impuissantes et stériles. C'est pourquoi leur grande affaire, depuis leur entrée dans le royaume, fut-elle de s'y faire incorporer aux universités. Celle de Paris leur avait refusé, en 1562, la permission de faire des leçons publiques dans leur collége de Clermont: ils trouvèrent moyen de s'emparer du Recteur, Julien de Saint-Germain; et celui-ci, sans consulter les organes du corps, sans même faire contre-signer son autorisation par le greffier de l'univer-

(1) « Tertia pars præbendarum conferatur gradualis idoneis.... videlicet magistris... qui in aliqua universitate privilegiata suum studium fecerunt. » Cette disposition de la pragmatique est confirmée par le concordat. — *Traité de l'expectative des gradués*, par Piales, t. 1, p. 430 et seq.

sité, leur accorda de son propre mouvement des lettres de scolarité, le 19 février 1564. Armés de ce titre suspect, les Jésuites ouvrirent leur collége. L'université protesta et engagea contre eux devant le parlement de Paris ce fameux procès qui dura deux siècles, ne fut jamais vidé et ne fut mis à néant que par l'arrêt d'expulsion qui frappa la société. Pendant tout ce temps, il est vrai, grâce à leur crédit à la cour, les Jésuites avaient joui de la possession provisoire (1).

Ce que les Jésuites avaient obtenu auprès de M. de Saint-Germain, ils l'essayèrent avec un égal succès auprès du recteur de l'Université de Caen.

Nous l'avons dit, leurs procédés sont partout les mêmes. Munis sans doute de recommandations secrètes, mais puissantes, les deux Jésuites, Alexandre George et Antoine Dufour déterminèrent le recteur à convoquer, pour le 25 d'octobre 1608, une assemblée générale de l'Université. Là, il déclara qu'il savait « tant par les témoignages authentiques du P. Armand, provincial, datés à Rouen du 19 octobre, que ces deux pères étaient expressément nommés et commissionnés par le Roi et par le provincial pour l'établissement d'un collége à Caen (2). » Cette affirmation était, à ce qu'il paraît, toute gratuite, un acte de pure complaisance: car les diplômes ne furent point représentés, et quant à l'autorisation du provincial, c'était une simple attestation de

(1) Voir sur tout ce long débat les histoires de l'Université de Paris par Duboulay, t. 6, et Crevier, *passim*, et l'excellent résumé qu'en a fait M. Troplong *loc. citat.* c. 30.

(2) Observations des commissaires de l'Université de Caen, envoyées au parlement de Rouen (1762), p. 25.

vie et de mœurs (1). Alexandre George et Antoine Dufour se présentèrent alors, suppliant humblement l'Université, au nom de leur ordre entier, de l'agréger à elle. Ils s'engagèrent sous la foi du serment, *sub debito juramenti*, et par écrit (2), « pour tous et chacun de ceux qui regenteroient dans leur Collége, et qui y etudieroient de porter honneur et obéissance à M. le Recteur, de se conformer aux statuts et réglements de

(1) Observations des commissaires de l'Université.

(2) Le Décret de l'Université de Caen contre les Jésuites, rendu le 16 janvier 1721, rapporte les dispositions principales de l'acte d'agrégation. «... Ces pères n'ont esté reçus, ou aggregés à ce corps que sous de certaines conditions auxquelles ils se sont engagés par serment. L'acte de leur aggrégation en fait foi, tout irrégulier qu'il est et au fond et dans la forme; il est du 25 octobre 1608 et est conçu en ces termes : *Prædictos patres societatis Jesu, ipsorumque collegium in gremium ac corpus dictæ Universitatis Cadomensis aggregavimus rationibus et conditionibus prædictis ab ipsis, ut dictum est in congregatione generali declaratis bona fide, præmissis ac subsignatis*, etc, etc, etc.....

Postquam prædicti Patres Alexander George, et Antonius du Four, ut supra commissi pro et nomine totius dictæ societatis submissè supplicaverunt aggregari corpori dictæ Universitatis, et publicè pronunciaverunt, ac testificati sunt omnes et singulos Patres, professores, clericos ac scholasticos futuri collegii dictæ societatis in dicta Academia Cadomensi, nobis rectori et successoribus nostris debitè honorem et observantiam exhibituros omnia et singula Academiæ statuta, et senatus consulta pro Academiæ restauratione ac disciplina lata, pronunciata et promulgata servaturos, comitiis, actibus, et supplicationibus publicis, sub debito juramenti interfuturos. . . . . . . nihil denique in præjudicium, ac detrimentum tum totius Academiæ, tum singularum facultatum facturos.

Ce décret fut affiché et distribué à Caen. Je dois la communication d'un exemplaire à M. Lamoureux, avocat à Caen.

ladite Université, de se trouver aux assemblées, actes et ceremonies publiques, de ne point empêcher les droits communs de l'Université, et de ne rien faire qui pût porter préjudice, ou tendre au détriment, tant de l'Université, que de chaque Faculté en particulier. » Aussitôt le Recteur s'empressa de dresser l'acte d'agrégation et de le présenter à la signature des assistants. *Vingt-deux* maîtres étaient présents. *Dix* seulement, parmi lesquels nous retrouvons Pasquier Savary, consentirent à signer, les autres s'abstinrent (1). Les Jésuites n'en furent pas moins agrégés.

Cette décision irrégulière au fond et dans la forme, acceptée précipitamment par une minorité, en l'absence du chancelier et des conservateurs royaux des priviléges de l'Université, qui n'avaient pas même été convoqués, devait être quelques jours plus tard vigoureusement attaquée.

Cette opposition constante de l'Université de Paris, ces répugnances presqu'instinctives de la majorité de l'Université de Caen tenaient-elles uniquement, comme on voudrait bien le dire, à la jalousie de métier? Hé mon Dieu, quel est l'homme ayant conscience de sa valeur, qui dans le premier mouvement de sa nature ne prenne en défiance le nouveau venu, l'inconnu qui vient lui disputer la tâche à laquelle il s'est voué? Jalousie fort naturelle, sans doute, que celle de vouloir vivre, et surtout de vouloir vivre chez soi et dans ses habitudes. Malgré tous les serments d'obéissance prêtés par les Jésuites aux universités, on savait bien que la société ne pouvait recevoir de colléges aux universités que pour en user

(1) Observations, etc., page 25.

suivant ses constitutions, *admittenda collegia, quæ liberè societati offeruntur, ut juxta constitutiones iis omnino utatur;* et l'on savait d'autre part que le Général de la société a la surintendance et l'administration des colléges, qu'à lui seul appartient d'en faire les réglements, de les changer, de les abroger, à la plus grande gloire de Dieu, toujours jointe au bien général de la société; que tous les maîtres de ces colléges ne sont que des *commis* qu'il établit et révoque comme il lui plaît.

Entre ces deux maîtres auxquels il doit obéir, le Recteur et le Général, le Jésuite hésitera-t-il jamais? Les faits ont répondu : Dans toutes les Universités qui, de gré ou de force s'agrégèrent les colléges de la Société, les Recteurs se sont trouvés presqu'aussitôt dépouillés de toute inspection et juridiction, tant à l'égard des maîtres et des écoliers, qu'à l'égard de la discipline et des doctrines enseignées : bien plus, ces maîtres qui ne voulaient point être gradués par les Universités, à cause des serments qu'on y prêtait, prétendaient avoir le droit de préparer aux grades, ou plutôt de les conférer eux-mêmes. A Paris, à Reims, ils exigèrent, ils obtinrent quelquefois, à l'aide du pouvoir, que leurs certificats d'études tinssent lieu d'examen, et que leurs écoliers fussent gradués de confiance et sur leur simple parole (1). Ce n'était point pour en être les membres et en suivre les règles que les Jésuites sollicitaient leur incorporation aux Universités, mais plutot pour les anéantir.

En défendant ses intérêts et son existence, ce n'était

(1) Ce fut là le sujet d'un grand procès entre l'Université de Reims et les Jésuites en 1723, procès auquel s'associérent presque toutes les Universités de France. V. Requeste de l'Université de Paris, etc., 1723. Manusc. in-f°., à la bibliothéque de Caen.

pas sa cause seulement que plaidait l'Université, mais bien celle de l'Etat, de l'église de France et de la morale. Quoi! livrer sans contrôle la jeunesse à des hommes qui refusaient de prêter au roi les serments ordinaires, qui professaient que le pape peut déposer les rois, déclinaient la juridiction des évêques, et qui professaient avec Mariana la doctrine du régicide, avec Sanchez, Escobar et cent autres, cette casuistique facile et immonde qui permet tous les vices et excuse tous les crimes! C'a été la gloire des parlements et des Universités, au XVIIe. et au XVIIIe. siècle, d'avoir combattu avec une inébranlable constance contre ces fausses doctrines, au nom des antiques traditions de la monarchie et de l'église gallicane, au nom de l'indépendance et de la souveraineté de l'Etat, au nom des vérités éternelles et inflexibles de la religion et de la morale.

CHAPITRE VII.

Assemblée générale des habitants de Caen (4 novembre 1608). — Trois mille assistants. — Protestation unanime contre les Jésuites.

Le mardi quatrième jour de novembre de cette année 1608 (1), un mouvement inusité régnait dans la ville de Caen. On voyait par les rues les officiers de justice et de finance, les membres du clergé et de l'Université, s'acheminer tous vers un même point, qui était l'hôtel du siége Présidial ; les marchands, presqu'endimanchés, avaient quitté leurs boutiques à midi, et tous nobles et bourgeois, paraissant fort affairés, formaient des groupes nombreux sur la place St.-Pierre et aux abords de la rue de Geôle (2).

En effet le jeudi de la semaine précédente et les jours suivants les six sergents royaux et le sergent ordinaire de la ville, Pierre Du Londel, avaient tant en public et à son de trompe, qu'en particulier et nommément, semoncé et convoqué tous les habitants de la ville à se réunir en assemblée générale, *affin d'entendre les lettres closes de Sa Majesté, adressées aux Maire et Eschevins de ladicte ville, escriptes à Paris le dixiesme d'octobre dernier, apportées par deux Pères Jésuistes ; et adviser des moyens de satisfaire au contenu d'icelles* (3).

(1) Procès-verbal de l'assemblée générale du 4 novembre ; archives de la ville. Reg. 42, f°. 41 et suivants.

(2) L'hôtel du Présidial était situé rue de Geôle.

(3) Procès-verbal, etc.

Le chef de l'administration municipale avait été changé depuis le mois précédent. A Jacques Blondel avait succédé dans la mairie Guillaume Vauquelin, sieur de La Fresnaye, qui était en même temps président au siége Présidial et lieutenant-général du bailli de Caen. Il ne partageait pas les sympathies et les complaisances de son prédécesseur pour les bons Pères (1), et nous apparaît au contraire comme un défenseur ferme et éclairé des droits de la ville et de l'université. Aussi avait-il religieusement observé les vieilles coutumes et toutes les formalités usitées pour la convocation des habitants, afin d'éviter les illégalités commises au mois de février dernier et d'obtenir l'expression réelle et entière de l'opinion publique. Les habitants dûment avertis avaient répondu à son appel et tel était l'intérêt que dans toutes les classes et dans les deux religions on attachait à la question des Jésuites, que trois mille personnes se pressaient aux portes de l'hôtel du Présidial (2).

La salle ordinaire des assemblées, à l'hôtel-de-ville, avait été jugée trop peu spacieuse pour contenir la foule des assistants et l'on avait emprunté ce jour-là la salle des procureurs du siége Présidial (3).

Le maire et les notables s'étant réunis d'abord pour conférer dans la chambre du conseil, donnèrent audience aux deux Jésuites, Antoine Dufour et Alexandre George. Interrogés s'ils avaient des lettres-patentes,

(1) V. les chapitres III et IV.

(2) « Combien que l'assemblée fust de environ trois mil personnes. » Procès-verbal du 4 novembre, *à la fin.*

(3) Id. *au commencement.*

délivrées par le Roi, et enregistrées au parlement, portant permission d'établir un collége de la Société dans la ville de Caen, ils répondirent affirmativement et les présentèrent.

Les notables et les deux Pères descendirent alors dans la salle des procureurs où les habitants étaient déjà assemblés; ils y trouvèrent l'Official Ambroise Le Gauffre et le sieur de La Ronce, qui s'annoncèrent comme représentants l'un l'Evêque de Bayeux, l'autre le maréchal de Farvaques, lieutenant-général du Roi en Normandie. Le maire et les échevins ayant pris place au bureau (1), la délibération commença.

Le lecteur nous pardonnera les longs détails dans lesquels nous allonsentrer : mais le procès-verbal dont nous les avons tirés et qui occupe dans le registre XLII de l'Hôtel-de-Ville plus de 36 pages in-f°. est, à notre avis, un des monuments les plus curieux de l'histoire municipale de la France.

GRÉGOIRE DE LA SERRE, cet avocat du Roi, si passionné pour la Société, prit le premier la parole au nom du procureur du roi. Il exposa l'objet de la réunion et exhorta les citoyens à faire tous leurs efforts pour se conformer aux désirs du roi.

(1) Le bureau était ainsi composé : Le maire *Guillaume Vauquelin*, licencié-ès-loix, sieur de La Fresnaye, conseiller du Roi, président au siége Présidial et lieutenant-général de M. le bailli de Caen, nobles hommes *Grégoire de la Serre*, *Pierre de Caumont* et *Gilles Hallot*, avocats et procureurs pour le Roi à Caen; honorables hommes M^es. *Jean Bernard*, *Jean Vaultier*, *Gilles le Bas*, *Charles le Coq* et *Guillaume Bouvet*, gouverneurs et échevins de la ville; M^e. *Guillaume Baucher*, procureur-syndic, et M^e. *Beaullard*, greffier de l'Hôtel-de-Ville.

Le sieur DE LA RONCE se leva ensuite : Le maréchal de Farvaques, son seigneur, connaissant, dit-il, tout le contentement que sa Majesté recevrait de l'établissement demandé, engageait vivement les habitants à répondre par des effets réels à cette royale intention ; et il l'avait envoyé lui, gentilhomme de sa maison, pour voir ce qui se passerait dans leur assemblée et lui en faire son rapport.

Sur la requête de Grégoire de la Serre, le greffier BEAULLARD donna alors lecture des lettres d'établissement accordées à la Société en septembre 1607 (1), et de l'arrêt d'enregistrement du parlement de Rouen, du 17 mai 1608.

Pendant cette lecture une agitation singulière s'était manifestée parmi la foule des assistants, et des marques d'étonnement, de brusques acclamations avaient accueilli les passages où il était dit que les lettres-patentes du roi avaient été obtenues par les jésuites *à la demande des habitants.* Lorsque le greffier Beaullard eut fini : « Il n'en est ainsi, s'écria-t-on de toutes parts, il n'en est point ainsi : nous n'avons point adressé telle requête à Sa Majesté : qu'on nous en montre l'acte public ! où est cet acte public ? lisez-le, maître Beaullard, lisez ! » Le greffier, requis par l'assemblée, répondit qu'il n'en avait aucune connaissance : « Au contraire, ajouta-t-il, « il est écrit aux registres de l'hôtel-de-ville que dès le « mois de mars 1604 quelques particuliers envoyèrent « au Roi M. Pasquier Savary, docteur en théologie, « pour aller, comme ils disoient, demander l'établisse-

(1) Nous en avons donné l'extrait, p. 17 et 18. — V. aussi aux pièces justificatives.

« ment dudit collége des Pères Jésuistes au nom du gé-
« néral des habitants, mais sans avoir d'eux aveu, pou-
« voir ou procuration. Aussitôt après, ceux qui étaient
« alors maire, gouverneurs et échevins de la ville, et
« qui pour la plupart peuvent être ici présents, firent
« présenter par M^e. Zacharie Mauger, avocat au Conseil
« privé, une requête à S. M. pour l'opposer à la pré-
« tendue légation du sieur Savary. L'affaire en resta là
« et il n'en fut point parlé, que je sache, jusqu'au 8
« février dernier. »

Le greffier raconta alors brièvement la mission du sieur d'Aubigny, à Caen, la délibération prise dans une assemblée de plusieurs personnes à l'hôtel de-ville, le 8 février, la députation du procureur syndic vers le Roi et le provincial des Jésuites, enfin, les offres et demandes de divers bâtiments pour y établir le collége des pères (1).

Comme toutes ces choses étaient nouvelles et inconnues à la plupart des assistants, le maire requit le greffier de lire les pièces, lettres et procès-verbaux, qui y étaient relatifs.

Cette marche souterraine des jésuites, tant de machinations et de ruses soulevèrent dans l'assemblée une indignation générale et un sentiment non équivoque de répulsion. Déjà M. de la Ronce s'agitait sur son siége, et les partisans de la compagnie se comptaient avec inquiétude. Au moins espéraient-ils en l'appui de l'autorité de l'évêque et du clergé. Mais voilà qu'au moment où l'on allait prendre les avis, l'official et grand-vicaire Me Ambroise Le Gàuffre dépose sur le bureau une pro-

(1) V. les chap. 2, 3, 4 et 5.

testation écrite au nom des ecclésiastiques de la ville, contre l'installation des Jésuites à l'officialité (1), *sans avoir égard aux lettres du Roi*, tant à cause des dépenses excessives qu'occasionnerait à la ville l'appropriation des bâtiments que pour la *subreption qui se remarque en ces lettres.*

Le mot était dur, et de quelle part! Les Jésuites, pour en amortir et pallier l'effet, produisirent alors une déclaration qu'ils avaient arrachée à la fraction de l'Université gagnée par eux, déclaration gauche et timide, et qui s'osait à peine avouer.

« L'Université de Caen *n'empesche*, suivant la volunté « de S. M. et la conclusion des habitans de la ville, « jà prinse touchant l'establissement desd. Pères, qu'ils « soyent reçeus et establiz au college du Mont, n'es- « timant qu'il y ait lieu moins contageux pour la « ville, et plus commode pour leur profession et uti- « lité de la jeunesse. Fait et présenté par les députés « expressément par la dicte Université, le quatriesme « d'octobre 1608. Signé Jacques SAVARY, de GUERNON « et LE MAISTRE (2). »

A cette lecture, le maire, Vauquelin de la Fresnaye, se leva et dit qu'à la vérité il avait ouï publier de par la ville, que les signataires avaient prétendu agréger les jésuites au corps de l'Université : mais cet acte ne se pouvait passer que devant le maire et les échevins gou-

(1) V. le chap. 5.

(2) Germain *Jacques*, docteur en Théologie et curé de St.-Pierre; Pasquier *Savary*, docteur en Théologie; Jean *De Guernon*, docteur en droits; Jacques *Le Maistre*, principal au collége du Bois; c'étaient avec six autres les seuls qui, sur 22 maîtres dont se composait l'Université, eussent signé l'acte d'agrégation des Jésuites.

verneurs de Caen, conservateurs des priviléges royaux de l'Université, en présence des gens du Roi, de plusieurs prélats, et notamment de l'évêque de Bayeux, chancelier de l'Université. L'acte susdit était donc illégal, invalide.

Sommés de s'expliquer, les soi-disants députés de l'Université, avouèrent qu'il en était ainsi, et sur l'ordre du maire, remirent entre les mains du procureur du Roi pour être déposé au greffe, *et pour y estre pourveu ainsi que de raison*, l'acte d'agrégation écrit en latin, et commençant par ces mots: *extractum ex conclusione Universitatis cadomensis, etc.* (1).

On procéda ensuite à prendre les avis particuliers des assistants.

La question qu'il s'agissait de vider était double, triple même. La société de Jésus avait un pied dans la sphère des choses divines, l'autre dans le domaine de la science humaine, la tête et les mains partout, dans ce qu'on appelle le monde, et qu'ils nomment le siècle. Puissante machine de guerre lancée par Ignace de Loyola contre la réforme, c'était aussi une ingénieuse machine pour élever et instruire l'enfant, pour le façonner, le saisir et le suivre, homme puis vieillard, dans toutes les phases, dans toutes les conditions de la vie. Le jésuite est instituteur, directeur ou prédicateur; souvent tout cela à la fois.

Ce qu'au fond les gens sages et désintéressés, à Caen comme dans le reste de la France, redoutaient le plus, c'était l'invasion de l'ordre dans la vie sociale et politique, la propagande de cet esprit de discorde et de désorga-

(1) V. le chap. 6, p. 60 et 61.

nisation qui, absolutiste avec Philippe II aux Pays-Bas, démagogique en France avec la ligue, partout circonvenait le pouvoir quel qu'il fût, l'embrassait comme un lierre parasite, non pour le soutenir, mais pour en vivre, sauf à l'étouffer plus tard.

Mais ces choses-là les bons royalistes les pensaient tout bas, en gémissaient plus bas encore, mais ne les disaient point. Le roi n'avait pas la conscience bien tranquille de ce côté, et le P. Coton, la démonstration vivante du mal qu'on craignait, avait les bras longs.

Dans la discussion qui va s'ouvrir, nous ne rencontrerons donc rien, ou presque rien sur l'incompatibilité de la Société avec l'Etat, sur les périls de la monarchie et du monarque. « Il a mal parlé de sa Majesté » ; c'était bientôt dit et fort dangereux. L'assemblée, d'ailleurs, comprenait parfaitement son rôle, et laissait ces hardiesses aux parlements. Appelés à délibérer sur une question d'intérêt local, ils se seraient bien gardés, en normands sages et avisés, de faire de téméraires excursions au-delà des frontières de leurs attributions.

Mais ce qui était de leur ressort et les touchait de près, c'étaient l'intégrité et les priviléges de cette université qui était née et, depuis si long-temps, florissait dans leurs murs ; c'était le maintien de la touchante et admirable union qui, depuis trente ans, au fort même des tempêtes de la ligue, n'avait cessé de régner dans la ville entre les habitants des deux religions : c'étaient là certes deux intérêts bien chers, qu'ils pouvaient défendre la voix haute et avec la conscience de leur droit.

Il y a dans ces discours qui ne nous sont arrivés que sous les formes indirectes et succinctes, partant décolorées et anatomiques, du procès-verbal, il y a une rectitude de jugement, un admirable sens des faits, une solidité de raisonnement capables de confondre tous les artifices de la faconde italienne et jésuitique.

Me Michel de Répichon, conseiller du roi, président, trésorier de France au bureau des finances en la généralité de Caen, appelé le premier à donner son avis, dit : « On a invoqué, en faveur des pères Jésuites, le vœu général des habitants; vous venez d'entendre le désaveu porté au Roi par les magistrats de la ville contre cette prétendue demandé, dès le mois de mars 1604. On allègue, il est est vrai, la délibération du 8 février 1608, pour autoriser la demande qui aurait été faite par les habitants du collége desdits pères. Il y a ici une double erreur : d'abord les lettres patentes fondées sur cette demande, et qui la supposent, sont antérieures de six mois environ à l'assemblée de février, étant du mois de septembre 1607. De plus, cette assemblée a été faite contre toutes les formes ordinaires; les principaux officiers et notables bourgeois n'ont été convoqués et appelés ni en public ni en particulier; un petit nombre de personnes seulement y ont pris part, et encore ont-elles été d'avis divers : cette délibération est donc invalide, ne pouvant, si petit nombre, obliger le corps des habitants composé de *vingt mille* personnes.

« Maintenant il faut considérer que ledit établissement entraînera de très-grands frais; qui les supportera? Sera-ce le corps de la ville? mais il n'a aucuns biens patrimoniaux; il est destitué de tous moyens de contribuer en tout ou partie à pareille dépense. Que s'il faut s'adresser aux moyens des particuliers, ceux de la religion prétendue réformée, qui font près d'un tiers des habitants, soutiennent qu'ils sont exempts de cette contribution : au surplus, de telles fondations pieuses n'ont jamais été établies au dépens du public, mais par la seule volonté et dévotion des particuliers.

« Quant à la grande utilité et nécessité de la fondation nouvelle qu'on demande, je dirai que d'un côté la ville est, depuis trois cents ans, ornée d'une Université, composée de tous les degrés, et qui, de tout temps, a produit au public des personnes fort doctes et très suffisantes à l'instruction de la jeunesse; il n'est besoin d'y appeler les P. Jésuites qui, *bien que pieux*, ne pourraient avoir de plus doctes et suffisants préceptes en toutes sciences et langues que ceux de l'Université : d'autre part la ville ne manque pas de prédicateurs, et a sujet d'être contente de ceux qu'elle a. M. l'évêque de Bayeux qui les doit pendant l'Avent et le Carême, n'a-t-il pas toujours été soigneux d'envoyer des meilleurs prédicateurs de la France ? Et pour le reste de l'année, n'avons-nous pas les religieux mendiants et les bons pères capucins ? Enfin les catholiques ont leurs curés qui ont charge de leurs âmes, et auxquels ils peuvent recourir pour tout ce qui concerne leurs consciences....

« Partant je suis d'avis de députer trois personnes notables de la ville vers S. M., pour lui faire les remontrances que je viens d'exposer, et autres qui sont à considérer en ce fait, et la supplier très-humblement de vouloir dispenser les habitants de l'établissement en ladite ville du collége des P. Jésuites ».

Un murmure général d'approbation accueillit ce discours, et ceux qui furent ensuite appelés à donner leur avis, hommes considérables dans la ville, PIERRE DE BERNIÈRES, conseiller du Roi et trésorier de France, JEHAN LE FAUCONNIER et JACQUES MARIE, tous deux trésoriers de France, déclarèrent se ranger à l'opinion de Michel de Répichon.

GILLES BOURGET, sieur de Chaulieu, avocat au siége présidial, après avoir fait la même déclaration, ajouta: « Quant à cette prétendue adoption que quelques-uns de l'Université se sont efforcés de faire, je pense qu'on n'y doit avoir aucun égard. Cet acte n'émane que d'un petit nombre de régents à la dévotion des Jésuites qui n'ont pu agir que comme personnes privées. Les docteurs et régents sont là pour garder et faire observer les statuts et les priviléges de l'Université, pour instruire et enseigner la jeunesse, et veiller à ce que les degrés, en toute Faculté, ne soient baillés qu'à personnes suffisantes et capables; mais il ne leur appartient pas de rien changer ou d'innover, de diminuer ou d'altérer les fondations, établissements, statuts et priviléges de cette Université, encore moins d'aliéner à des étrangers l'un de ses colléges. De tels actes ne se peuvent faire qu'avec le concours et l'autorité de tous ceux qui y ont intérêt, qui sont le Bailli, maire de Caen, et ses lieutenants, conservateurs des priviléges royaux de l'Université, le corps de la ville, les sieurs évêques de Bayeux, chancelier; de Lisieux et de Coutances, alternativement conservateurs des priviléges ecclésiastiques, enfin les abbés et prieurs des abbayes de cette Basse-Normandie, qui sont incorporées à l'Université..... Partant, je suis d'avis, etc. »

Vénérable et scientifique personne Me CLAUDE COLLIN, prieur de la Maison-Dieu, et principal du collége du

Mont, vint ensuite assisté de l'un de ses régents, Me Enguerrex. Cette fois il se sentait fort, appuyé qu'il était de l'avis des préopinants. Ce qui lui tenait surtout au cœur, c'était la conservation de son collége ; il passait volontiers condamnation sur le reste. Que les Jésuites s'établissent partout ailleurs, où ils pourront, peu lui importe. « Qu'on leur donne, par exemple, le collége du Cloutier, maison inutile, sans écoliers ni exercices depuis trente ans, occupée par des locataires ayant femmes et enfants, et où le titre de principal cependant a été usurpé par le sieur Germain Jacques, curé de St.-Pierre, homme qui ne fait aucune profession en l'Université. Puisqu'il aime tant les Jésuites, qu'il leur donne son collége. Mais celui du Mont a été acquis par l'Université, érigé par l'autorité du parlement; lui, Claude Collin, y a toujours, comme il est notoire, entretenu les plus doctes régents qu'il a pu trouver, tant de ce royaume qu'étrangers; toujours il y a eu très-bon et très-complet exercice tant aux classes de philosophie et de rhétorique que de grammaire ; aujourd'hui on y compte plus de huit cents écoliers, tant de la Normandie que des autres provinces, comme de la Champagne et de la Bourgogne, et il entend continuer de bien en mieux ce florissant état. Cependant certains particuliers de la ville ont prétendu bailler ce collége aux Jésuites. Mais il en a conféré avec le Recteur et les doyens de l'Université, et leur opposition commune a été reçue, comme on sait, en cour de parlement. Quant à ce prétendu consentement, signé et présenté par quatre membres de l'Université, il est vain et de nul effet. » Puis s'échauffant de plus en plus : « Ceux qui veulent rompre ledit collége du Mont, s'écria en finissant le vénérable et scientifique Claude Collin, ceux-là se montrent manifestement ennemis de la vertu et du bien public! »

La cause du collége du Mont et de l'Université était gagnée; celle des protestants n'était pas en moins bon chemin.

Noble homme JEAN DE LALANDE, conseiller, notaire et secrétaire du roi, représente « la paix, la grande amitié et concorde qui règnent entre les catholiques et ceux de la religion; si bien qu'ils ont toujours vécu ensemble en l'observance des commandements de S. M., et qu'en la ville il n'y a eu, jusqu'à présent, aucune sédition civile. Il est à craindre que le nouvel établissement ne change les volontés de quelques-uns d'une manière préjudiciable à la paix publique et au bien de S. M.... Partant, il est de même avis que M. de Répichon. »

Noble homme JEAN DE LA COURT, conseiller du roi et *vicomte de Caen* : « Il serait dangereux, en effet, dit-il, d'altérer cette concorde et bonne intelligence qui unissent si heureusement les habitants de l'une et l'autre religion; et déjà ils n'envisagent qu'avec inquiétude la présence assidue au milieu d'eux, et l'établissement permanent des Jésuites. Ce qu'ils redoutent dans ces pères, c'est ce zèle excessif qu'ils montrent pour leur religion, zèle fort louable en eux, il est vrai, mais *qui bien souvent les porte à émouvoir le peuple*, qui les porte même à défendre aux catholiques la fréquentation de ceux de l'autre religion. Par là serait troublée certainement et grandement la tranquillité de la ville, qui, d'ailleurs, n'a faute de religieux ni de théologiens pour prêcher, ni d'hommes doctes pour enseigner. M'est donc avis que sa Majesté soit suppliée de se ressouvenir que les habitants de la ville de Caen, malgré cette diversité de religion, se sont toujours bien accordés à l'endroit de son service et obéissance. Ils n'ont d'autre désir que d'y persévérer, et il ne faut s'ébahir si toutes choses leur sont suspectes qui semblent y pouvoir apporter quelque mutation tant petite qu'elle soit : pour ces raisons et d'autres déjà exposées, qui seront remontrées à sa Majesté par les députés, le Roi sera supplié de dispenser les habitants de l'établissement du collége des Jésuites en cette ville ; ou bien si ce n'est son plaisir de le faire, qu'au moins ceux qui les ont demandés les logent eux-mêmes, et fournissent à leurs commodités : de telles œuvres doivent provenir de la dévotion des personnes, et non autrement. »

De nombreuses adhésions suivirent ces paroles; alors Me MICHEL LE RÉVÉREND, sieur de Bougy, disant parler au nom de tous les habitants, faisant profession de la religion réformée, présenta une protestation signée d'un grand nombre de personnes et dont il fut donné lecture (1) :

« Les Bourgeois, Manans et Habitans de la Ville de « Caën et Fauxbourgs d'icelle faisant profession de la « R. P. R. soussignés pour eux et les autres Habitans « faisant profession de ladicte Religion, assignés pour « se trouver à la présente assemblée afin de délibérer « sur la poursuite faicte par les Jésuistes pour leur es-

(1) Cette protestation est rapportée dans le procès-verbal, au fº 54 ; elle existe en original dans le même registre XLII. Les signatures sont au nombre de 116, la plupart très-lisibles, et accompagnées du millésime 1608, ou simplement 08 Deux ou trois se composent d'initiales majuscules grossièrement formées, et une est représentée par une main ouverte assez mal dessinée.

« tablissement par eux prétendu en ladicte Ville, se pré-
« sentent pour dire et déclarer qu'ils ont entendu qu'en
« une délibération qui s'est ci-devant faicte en la Maison
« commune de la Ville, il n'y avoit esté rien résolu au
« certain pour cet effect, et pourtant sont d'advis
« qu'il soit député deux notables Bourgeois de ladicte
« Ville vers Sa Majesté, pour la supplier très-humble-
« ment de ne charger les Habitans de ladicte Ville de
« l'establissement d'iceux Jésuistes, qui ne se peut faire
« qu'avec grands frais et extraordinaires, et lui remontrer
« qu'iceux Jésuistes n'y sont aucunement nécessaires,
« vu qu'il y a une Université en icelle suffisamment fournie
« de Docteurs, Régens, Précepteurs et Lecteurs publics
« pour l'instruction de la jeunesse, pour l'entretien des-
« quels lesdicts habitans n'ont été et ne sont surchargés;
« et s'il advenoit que, néanmoins l'advis susdict, il
« soit en bonne et légitime assemblée des Habitans de
« ladicte Ville, délibéré et arresté que lesdicts Jésuistes
« soient reçeus admis et establis, lesdicts de la Religion
« déclarent qu'ayant égard à ce que par les Edicts de Sa
« Majesté et articles secrets accordés en conséquence
« d'iceux, ils sont exempts de toutes contributions aux
« frais qui se pourroient faire en chose qui soit contre
« leur conscience; ils protestent qu'en ce qui seroit re-
« quis pour ledict establissement des Jésuistes, ils ne
« seront aucunement contribuables; joint que lesdicts de
« la Religion n'attendent pour eux ni pour leur enfans
« aucune instruction desdicts Jésuistes ni autre bien quel-
« conque; et ont signé aujourd'hui quatriesme jour de
« Novembre 1608, requerant acte leur être délivré de
« leur présente déclaracion et protestacion. »

On continua à prendre les avis des officiers royaux et

fonctionnaires. Tous furent conformes à la proposition de Me Michel de Répichon, tous hostiles aux Jésuites. L'entraînement était général, le procureur syndic GUILLAUME BAUCHER, député vers les Jésuites par l'assemblée de février, vint désavouer sa mission et nier qu'il leur eût fait aucune offre. Il n'y eut pas jusqu'à leurs amis et patrons, leurs ardents et dévoués précurseurs qui, depuis si long-temps et si laborieusement, leur battaient la voie, qui ne leur fissent défaut au moment décisif. PASQUIER SAVARY, oui Pasquier Savary, et avec lui les trois autres signataires de la prétendue adhésion présentée au nom de l'Université, cédant au torrent de la foule unanime, à la peur, au désespoir, déclarèrent qu'ils *se condescendoient à l'advis de la plupart des assistans, qu'il fust député vers S. M.*

Une seule voix, une seule, s'éleva contre cette réprobation universelle; ce fut celle d'ADRIEN NONIME, sieur d'Aubigny, celui-là même qui, en février, avait rapporté les lettres du roi, et le mot d'ordre de la société. Consulté, « il est d'advis, dit-il, que les Jésuistes soient reçeus, et qu'ils prendront *les deux colléges* (du Mont et des Arts), si le roi l'ordonne. »

Déjà vingt-huit personnes ont été entendues, la plupart ont motivé leur opinion et sur ces vingt-huit, qui toutes occupent des charges considérables dans la ville et dans l'Etat, vingt-sept ont proscrit la société, elles ont supplié le roi de décharger la ville d'un établissement funeste.

Viennent ensuite *quarante-trois notables, bourgeois et gens qualifiés au dict Caen, qui tous ont été de l'advis desdicts sieurs trésoriers et vicomte de Caen.*

Les suffrages s'accumulaient ainsi uniformes, écrasants;

les deux Jésuites, Antoine Dufour et Alexandre Georges, baissaient la tête, interdits et dévorant leur humiliation, et leurs partisans, s'il en était dans la salle, se taisaient. Le député du maréchal de Farvaques, le sieur DE LA RONCE, interrogeant l'assemblée d'un regard courroucé et inquiet, cherche à ranimer le zèle glacé des siens. Au nom de Mgr. le maréchal son maître, il ordonne au maire de faire proclamer « *que s'il y avait aucuns présents qui désirassent l'establissement du collége des Pères Jésuistes en la ville, ils eussent à donner leurs noms au greffier.* « Le sergent Du Londel fit faire silence et, d'une voix forte et haute, publia l'invitation. Aussitôt s'éleva dans la salle *une acclamation grande des assistans*: « Qu'il soit député vers le Roi! s'écrièrent-ils; nous vou-« lons qu'il soit député vers le Roi, pour le prier de nous « en dispenser! » On attendit; mais *il ne s'est trouvé aucun qui ait parlé pour donner autre advis, combien que l'assemblée fust de environ* TROIS MILLE *personnes; et néanmoins avons encore* (dit le procès-verbal) *continué de prendre les advis des particuliers présents.*

Me. JACQUES LA NIEPCE, avocat au siége présidial, consulté, et neuf autres personnes qualifiées, déclarèrent se ranger à l'avis des précédents.

M. de La Ronce tente un dernier effort; il demande un nouvel appel. *Et de rechef nous avons fait commandement à Du Londel, sergent, de réitérer à haute voix, que s'il y avait aucun en la dicte assemblée qui voulait donner autre advis, qu'il eust à le déclarer et parler.* Silence de mort. Pas un ami qui se dévoue; pas une voix qui proteste au nom de Loyola. La défection est complète. Cependant la foule s'impatiente, et tout d'un cri, *plusieurs fois répété*, cri formidable et qui résonne comme un tocsin de guerre aux oreilles des deux Jésuites anéantis, *le peuple présent redit : au Roi ! au Roi !*

Y avait-il à douter encore ? les sympathies des habitants de Caen pour les bons Pères ne s'étaient-elles pas bien clairement formulées ?

Le bureau, séance tenante, rédigea la délibération suivante : « Selon lesdicts avis ci-dessus, a esté conclu qu'il sera député trois notables bourgeois habitants de ladicte ville, pour supplier très-humblement S. M., vouloir décharger ladicte ville de l'establissement en icelle d'un collége desdicts pères Jésuistes, pour les causes et considéracions ci-dessus deduictes, dont ilz feront plus amples remontrances à S. M. ; et ont esté pour cest effect présentement députés, par l'*advis uniforme* des dessus dicts, noble homme Me *Grégoire de la Serre*, sieur de l'Escot, avocat pour le roi au baillage et siége présidial ; *Jean Vautier*, sieur de la Hogue, l'un des eschevins de ladicte ville ; *Michel le Révérend*, sieur de Bougy (1). »

Les bons habitants de Caen croyaient avoir détourné le fléau : ils comptaient sans le père Coton.

(1) Le procès-verbal est signé *Vauquelin* et *de Caumont*. Il porte en tête de la première feuille, à la marge, d'une écriture postérieure au corps du texte et d'une autre main que celle du greffier Beaullard, ce titre : *Opposition à l'establissement des R. R. P. P. Jésuites en la ville de Caën, avec les lettres patentes à eux expédiées à ce subject.* Plusieurs passages du texte ont été soulignés à l'encre noire ou rouge, probablement au dernier siècle, par ceux qui y allaient chercher des arguments dans les grandes querelles de l'Université de Caen avec les Jésuites.

CHAPITRE VIII.

Lettres de M. de Farvaques aux habitants de Caen. — Biographie du P. Coton. — Les Jésuites et la royauté. — Le P. Coton magicien. — Sa lettre aux habitants de Caen. — Triomphe des Jésuites.

Lorsque M. de Farvaques, lieutenant-général du Roi en Basse-Normandie, eut reçu au château de Farvaques près de Lisieux, où il faisait sa résidence habituelle, la notification de la délibération de la commune de Caen, du 4 novembre 1608, il comprit combien le Roi et lui avaient été abusés sur les dispositions générales des habitants. Au fond il avait peu d'inclination pour les Jésuites et même, s'il en faut juger par sa conduite antérieure, fort peu de respect pour les gens d'église. N'était-ce pas ce capitaine de chevaux-légers, incrédule et pillard, qui dans les guerres de la ligue avait profané d'une main sacrilège la cathédrale de Lisieux et livré les prêtres catholiques à la vengeance des protestants, les ornements sacerdotaux à la risée de ses soudards gascons et allemands? Si depuis il avait tenu la main à l'établissement des Jésuites dans son gouvernement, c'était moins par sympathie pour les pères que par obéissance au désir du roi et en bon courtisan. En présence de l'opposition unanime des bourgeois de Caen, il déclina toute initiative, et résolut d'attendre les événements ou de nouveaux ordres; il écrivit donc à la commune une lettre bien différente des injonctions hautaines apportées naguère par son représentant le sieur de La Ronce et toute empreinte au contraire de neutralité et de déférence. La bourgeoisie qui avait fait l'essai de ses forces et avait joué son rôle *pro parte virili*, comme on dit, pendant quarante ans de guerres civiles, n'était point une puissance méprisable : il fallait déjà compter avec elle. Voici la lettre :

« *A Messieurs les Eschevins, Bourgeois et Habitans de la ville de Caën* (1).

« Messieurs, j'avois desja sceu par le rapport du S[r]. de la Ronce quelle a esté l'issue de vostre assemblee et deliberacion, et comme, pour l'effectuer, vous avez depputé quelques ungs dentre vous pour faire de tres humbles remonstrances au roy ; *sur quoy il ne se peut rien dire* jusques a tant qu'en aiez la responce qui vous reglera tout en ce subjet. Pour lequel, il avoit esté representé a sa Majesté (*et, pour mon particulier je le croiois ainsy*) que d'ung commung consentement ceste requisition cestait faicte. S. M. pourvoira a tout pour le mieux ; et nous, recevans l'honneur de ses commandemens, nous y conformerons selon noz debvoirs. Cependant asseurez vous que je suis et seray toujours

Messieurs,

Vostre affectionné à vous servir

FARVAQUES

A Lisieux xxe novembre »

Le père Coton, qui était tout autrement intéressé dans l'affaire que le maréchal de Farvaques, ne prit pas les choses avec la même résignation. A la nouvelle de ce qui s'était passé, il bondit de colère et fulmina une éton-

(1) Archives de la ville de Caen, Reg. XLII, f°. 59 ; autographe.

nante missive adressée aux habitants de Caen et que nous avons aussi retrouvée en autographe aux archives.

Mais avant d'en faire part à nos lecteurs, nous leur demanderons la permission d'esquisser en passant quelques traits de ce Jésuite célèbre, comme nous l'avons fait précédemment pour son *socius*, le P. Gonthier.

Pierre Coton(1) naquit à Néronde dans le Forez, en 1564. Après avoir étudié à Paris, il commença ses études de droit à Bourges et alla les achever à Turin, la patrie de Gonthier. Là, circonvenu habilement par un directeur Jésuite, il entra, en 1583, dans la Société à laquelle il consacra dès lors sans réserve sa vie, ses talents, et dont il devint l'un des personnages les plus considérables. Son père, à cette nouvelle, entra dans un grand désespoir. Secrétaire des commandements de la reine-mère Catherine de Médicis, il fit jouer les ressorts de la diplomatie auprès du duc de Savoie pour qu'il fît rendre le jeune religieux à sa famille. Mais en vain le duc intervint-il auprès de la Société de Jésus; en vain le père inconsolable conjurait-il son fils de laisser là ses *suborneurs*; Pierre Coton persista, et les poursuites de princes puissants, les prières et les larmes d'un père vinrent échouer contre l'opiniâtreté d'un jeune homme de 19 ans ou plutôt contre le pouvoir de la Société. C'était en effet pour elle une précieuse acquisition. Le P. Coton, après avoir séjourné dans plusieurs villes d'Italie, à Milan, à Rome, fut envoyé en France par ses supérieurs et prêcha avec succès à Avignon, à Nîmes, à Grenoble et à Marseille.

(1) Et non pas *Cotton*, comme on le trouve dans la Biographie universelle et dans tous les imprimés. Dans les deux lettres autographes de ce père que j'ai trouvées dans les archives, il signe lui-même COTON.

L'édit d'expulsion prononcé contre les Jésuites par le parlement de Paris, en 1594, n'avait point reçu d'exécution dans le midi de la France, et c'est là que les Jésuites dans un quasi-exil épiaient le moment de reconquérir le reste du royaume, Paris et la Cour surtout. En attendant, le P. Coton prenait des positions importantes, c'est-à-dire qu'il faisait des conversions parmi la grande noblesse protestante, et particulièrement celle de Mme. de Créqui, fille du Maréchal de Lesdiguières, le Gouverneur ou plutôt le Roi du Dauphiné. Quant au vieux huguenot lui-même, il était moins abordable et ne se laissa entamer que bien plus tard, en 1622, par l'éloquence très-persuasive d'une épée de Connétable. Ce fut lui néanmoins qui, en 1603, poussa le P. Coton auprès de Henri IV; et le Jésuite fit si bien les affaires de son ordre, il sut si bien s'emparer de la confiance du Roi, triompher de ses craintes et de ses répugnances, qu'il lui arracha, comme nous l'avons vu, l'édit de rappel en 1604. « Son accortise, sa complaisance et son habileté à profiter des temps et des occasions, l'insinuèrent bien avant dans les bonnes grâces du Roi et quelquefois même dans ses plus secrètes pensées » (1). Le refus qu'il opposa à l'offre de l'archevêché d'Arles et du chapeau de Cardinal ne fit qu'ajouter à sa réputation dans le monde et à son crédit auprès du Roi. Mais comme la faveur des Cours n'est jamais gratuite, un jour que le P. Coton était en voiture, un coup d'épée vint à travers la portière le frapper légèrement à la gorge. On ignora toujours les auteurs de cet odieux attentat. C'étaient, dirent les uns, des laquais qu'il avait fait bâtonner; des protestants, suivant les autres, qui

(1) Mezeray, hist. de Fr. t. III, p. 1258

craignaient qu'il ne convertît la France entière.

Malgré sa grande réputation de sainteté et de prosélytisme, on ne voit pas que le confesseur de Henri IV ait apporté le moindre changement à la conduite plus que légère du monarque : il nous faut convenir que la direction de cet habile homme était plus de la terre que du ciel ; à moins cependant que nous ne considérions chaque billet de logement donné dans les bonnes villes de France à la sainte société comme une légitime compensation à chaque faiblesse du bon Roi. L'indulgence du P. Coton était grande ; sa miséricorde infinie s'étendait du Roi à tous les pécheurs de la Cour et maintefois on le vit solliciter en faveur de belles et galantes personnes, de filles d'honneur, dont la sagesse avait trébuché (1). Mais la Reine Marie de Médicis sur ce chapitre était inflexible.

Il y avait auprès du Roi un autre homme qui détestait cordialement le P. Coton et tous les siens, et qui, à vrai dire, était payé de retour : c'était Sully. Il fallait voir les gros yeux et le ton bourru avec lesquels le surintendant des finances accueillait chaque lettre de change accordée par le Roi aux bons pères sur le trésor public. Un jour, Henri IV ayant fait cadeau de cent mille francs aux Jésuites, pour achever leur chapelle de la Flèche, ils se rendirent chez le surintendant pour toucher la somme. « Le P. Coton porta la parole, et avec sa douceur ordinaire (vraiement jesuistique *id est* papelarde) lui dit que le Roi leur avoit fait *un petit don* de

(1) Mlle. de Sagonne, entre autres, en 1604. A ce propos l'Estoile ajoute méchamment « qu'on tient le P. Coton fort habile homme en et les affaires et autant versé en celle étude qu'en celle de sa théologie. » T. III, p. 431.

cent mil francs. Sur quoy le dit sieur de Sully le relevant assez rudement : « Appelés vous, dit-il, cent mil francs ung petit don ? Le Roi vous en donne trop. » Et l'esconduisant tout à plat, lui fist response qu'il ne leur en bailleroit rien. Et comme ledit P. Coton lui demanda la raison de ce refus : « Ce n'est à vous, lui « respondit M. de Sully, à qui je la veux ni dois rendre ; « c'est au roi auquel je la rendrai, lui faisant entendre « pourquoy je ne puis ni ne dois le faire. » Et les ren- « voya de ceste façon » (1). Néanmoins les Jésuites retournèrent à Henry IV et obtinrent gain de cause.

L'année suivante ce prince tombait sous le poignard de Ravaillac. La participation des Jésuites à ce crime est restée jusqu'à présent une assertion sans preuve ; et pour notre part nous croyons le P. Coton innocent d'un fait qui eût été en même temps de sa part la plus noire ingratitude. Néanmoins sur le moment, alors que l'opinion publique était en effervescence, on accusa presqu'universellement les Jésuites. La tentative de Jean Châtel, les précédents de la Société, les théories de ses plus illustres écrivains sur le régicide et quelques paroles équivoques échappées au P. Coton (2), tout semblait prêter une base à l'accusation. Des prêtres du haut de la chaire signalaient hautement les Jésuites

(1) L'Estoile, déc 109 ; t. IV, p. 352 et 353.

(2) A la nouvelle de la mort du roi « les Jesuistes accoururent au Louvre des premiers (on les mettra de telle classe qu'on voudra : chacun sçait la maxime qu'ils tiennent, qu'on peult tuer un roi qui souffre en son roiaume deux religions). Cependant *vultibus compositis ad luctum*, font les faschés par dessus tous les autres. Le P. Coton, avec une exclamation véritablement courtizannesque et Jesuistique : « Eh qui est le meschant, dit-il, qui a tué ce bon prince, ce « saint Roy, ce grand Roy ? A-ce-pas été un huguenot ? — Non, lui

comme régicides (1). Des ministres dénonçaient le P.

« respondit-on, c'est ung catholique. — Ah, quelle pitié, dit-il, s'il « en est ainsi. » Id. t. IV, p. 435. — Quelques jours après le P. Coton alla voir Ravaillac dans sa prison « et entr'autres propos lui dit qu'il regardast bien à ne mettre pas en peine les gens de bien (parole qui ne tumba pas à terre). » Id. t. 5, p. 18.

(1) « Le Dimanche 23 mai *(l'attentat avait eu lieu le 14)*, le père Portugais, cordelier, avec quelques curés de Paris, entr'autres celui de Saint-Barthélemi, et Saint-Pol, prosnerent les Jesuistes, et en paroles couvertes (mais non tant toutefois qu'ils ne fussent intelligibles) les taxèrent comme fauteurs et complices de l'assassinat du feu roy, les arguans et convaincans par leurs propres escrits et livres, nommément de Mariana et Becanus. » L'Estoille, t. V, p. 20.

Parmi toutes les attaques auxquelles Henri IV fut en butte de la part des Jésuites qu'il traitait pourtant si bien, nous n'avons rien trouvé de plus stupidement atroce que celle déclamation d'un Jésuite Belge :

« Apprens ce que tu dois faire, ô Rome, en voyant ce chartier conducteur de la France, cet antropophage, cet estomac qui regorge des entrailles des Espagnols, cet homme qui nage dans un océan de sang. Car de quel droit as-tu renversé le trône de Tarquin, exilé le père, l'épouse, les enfants ? les souillures du lit de Collatin t'ont été une assez juste cause ; et tu n'aurais pas un sujet légitime de déposer le tyran français ? Que ce roi, oppresseur de la liberté, outrage les vierges, les épouses, les enfants, que par la flamme, par le fer, par tous les genres de supplices, il exerce sa fureur contre les innocents, contre les princes et la noblesse : qu'il enveloppe dans la même ruine non-seulement ceux dont il convoite la dépouille, mais tous les français ensemble, qu'il apprenne à la France à se priver avec une joie barbare de ses propres enfants : il ne se trouvera pas un homme pour tirer l'épée contre ce monstre ? pas un pontife qui frappe de la hache pour sauver ce noble royaume ? » Cette provocation furibonde était publiée en 1606, à Namur, dans un livre intitulé : *Amphithéâtre d'honneur de Clarus Bonarscius (*anagramme de Carolus Scribanius, Jésuite, cité avec de grands éloges dans la bibliothèque des auteurs de la Société*) dans lequel les calomnies des Calvinistes contre les Jésuites sont jugulées* (jugulatæ). Qu'on juge de l'effet de pareilles lectures sur des cerveaux malades, tels que celui de Ravaillac.

Coton en face et en plein conseil (1) ; on répandait par le peuple un pamphlet intitulé : *Anti-Cotton où est prouvé que les Jesuistes sont coupables du parricide de Henri IV* (2).

Cette émotion se calma : le P. Coton resta à la Cour et la régente Marie de Médicis le donna comme confesseur au nouveau Roi. Cependant son crédit commença à diminuer : le jeune Louis XIII se défiait de lui (3), et la Régente n'était pas un appui toujours solide contre les parlements et les Universités. Dès lors il parut se moins mêler des affaires d'état et s'adonner entièrement aux travaux de la prédication où il avait acquis, comme nous l'avons déjà vu, une grande célébrité (4). Enfin en 1617 il quitta la cour, et passa plusieurs années à organiser des missions et de nouveaux colléges de son ordre dans le Midi de la France, et revit même l'Italie et Rome. Nous le retrouvons à Paris en 1625. Le parlement était alors fort échauffé par l'apparition du livre du Santarelli qui contenait des propositions mal sonnantes sur la puissance temporelle des rois : « Le Pape peut déposer les rois non-seulement pour cause d'hérésie, de schisme ou

(1) « Le mardi 25, il y eut prise entre M. de Lomenie et le P. Cotton en plein conseil ; auquel Lomenie dit que c'étoit lui voirement qui avoit tué le roy, et la Société de ses Jésuites, » Ibid. p. 37. — On disoit que le feu roy leur avoit donné la Flèche ; et que pour récompense ils la lui avoient mise au cœur. » Ibid. p. 47.

(2) Paris, 1610, in-18. J'ai parcouru ce petit livre, il ne prouve rien, malgré son titre, contre le P. Coton.

(3) « En ce temps le P. Coton, voïant nostre petit Roy tout pensif, lui demanda ce qu'il avoit : « Je n'ai garde de vous le dire, « car vous l'escririés tout aussi tost en Hespagne. » L'Estoile, t. 5. p. 127. Août, 1610.

(4) V. le chap. VI, p. 101.

quelqu'autre crime ; mais même pour insuffisance (*sed etiam propter insufficentiam*). — Le Pape, sans le concours d'un concile, peut déposer les rois : car il n'y a au monde qu'un tribunal unique, celui du Pape, qui est celui de Jésus-Christ même. » Or, le livre était revêtu de l'approbation solennelle du général de la Société Mutio Vitelleschi. Les Jésuites de France furent cités devant le parlement de Paris pour s'expliquer sur cette étrange doctrine si contraire aux lois du royaume. Le P. Coton, provincial de la province de Paris, comparut assisté de trois autres prêtres ; l'interrogatoire qu'on lui fit subir mérite d'être rapporté :

« D. Ne savez-vous pas que cette meschante doctrine a esté approuvée de vostre général à Rome.

R. Oui, Messieurs; mais nous qui sommes ici ne pouvons mais de ceste imprudence; et nous la blasmons de toute nostre force.

D. Parlez-nous franchement et nous dites si vous croyez que le pape puisse excommunier le Roy, affranchir ses subjects du serment de fidélité et mettre son royaume en proye ?

R. O Messieurs, d'excommunier le roy, lui qui est le fils aisné de l'Eglise ! il se donnera bien de garde de rien faire qui oblige le pape à cela (réponse admirable !).

D. Mais vostre général, qui a approuvé ce livre, tient pour infaillible ce que dessus ; estes vous de différente croyance ?

R. Elle est toute contraire.

D. Et si vous estiez à Rome, que feriez vous ?

R. Nous ferions comme ceux qui y sont. — Quelques-uns des membres du parlement dirent alors : « Quoi !

ils ont une conscience pour Paris et l'autre pour Rome. Dieu nous garde de tels confesseurs! (1) »

Le P. Coton aurait voulu finir paisiblement ses jours dans ce collége de la Flèche qui lui devait son existence et sa prospérité. Mais devenu vieux et inutile, on lui fit sentir qu'il était à charge : abreuvé de dégouts par l'ingratitude de ses confrères, il revint mourir dans la maison professe de Paris, le 19 mars 1626.

J'ai omis de parler d'une particularité assez étrange dans la vie du P. Coton. Il passait parmi les hommes de son temps pour s'adonner à des opérations magiques. Dans un petit libelle publié en 1609 (2), en latin, il est ainsi parlé de lui : « Le plus versé de tous les Jésuites dans les arts magiques est le père Couton (sic), français, dont le roi fait tant de cas qu'il l'admet à sa table et s'entretient familièrement avec lui. Les Jésuites eux-mêmes se plaisent à dire qu'il a un miroir constellé (speculum constellatum) à l'aide duquel, quelque soit la chose que le roi désire savoir, il la lui fait voir à l'instant : et qu'il ne se peut rien faire et concerter de si secret dans les assemblées intimes des autres ordres religieux, qu'avec le secours de son miroir constellé ou plutôt endiablé (condiabolati) il ne le découvre aussitôt : aussi les Jésuites ont ils une grande confiance dans la science magique de ce père. » Cette imputation, si absurdes qu'en soient les détails, pouvait alors paraître vraisemblable. Aux yeux de célèbres docteurs Jésuites tels que Suarez,

(1) *De studiis Jesuitarum abstrusioribus Relatio*, in-16 de 3 feuilles d'impression, sans nom de lieu ni d'auteur.

(2) Interrogatoire prêté au parlement de Paris par les Jesuistes. Requeste de l'Université de Paris en 1725. Ms. de la bibliothèque de Caen, p. 125.

Escobar et d'autres, il est permis d'user de la science qu'on a acquise, même par le secours du démon, pourvu que la conservation et l'usage de cette science ne dépende pas de lui : car la science est bonne en elle-même et le péché par laquelle on l'a acquise est passé (1).

Le P. Coton prêta un jour fort à rire aux mauvais plaisants par une expérience qu'il voulut faire de sa science magique sur le démon lui-même. Une pauvre fille nommée Adrienne Dufresne, née au village de Gerbigny, à deux lieues d'Amiens, était venue à Paris, rendez-vous des spectacles de toute espèce. Elle était logée dans la rue des Bernardins, et on l'y faisait voir comme une fille possédée du démon : souvent aussi on la menait à l'abbaye St.-Victor, et là, pendant deux mois, la malice du démon, ou de la fille, exploita la curiosité d'une foule de gens de toutes conditions qui venaient la voir. Un de ceux-là fut le P. Coton, qui ne se flatta de rien moins que de faire désemparer l'esprit immonde ; mais il voulut en tirer parti auparavant, et apprendre par son moyen certaines choses qu'il désespérait savoir d'ailleurs. Ayant donc emprunté d'un de ses amis, homme savant et pieux, un livre d'exorcismes, il y ajouta une note écrite de sa main, contenant 71 questions qu'il voulait poser au démon. Après l'exorcisme il rendit le livre sans songer à en ôter la note susdite. L'ami qui ne connaissait pas l'écriture du P. Coton, et bien éloigné de le croire auteur de cette liste ridicule, la donna à un autre ami. Elle

(1) « Licitum est uti scientiâ ope dæmonis acquisitâ, modo conservatio ac usus illius non pendeat à dæmone, quia cognitio seu scientia ex se bona est, et peccatum quo fuit acquisita pertransit. » Escobar, *theologia moralis*, lib. 28, sect. 1, tom. 4 p. 25 — Suarez *de superstitionibus*, l. II, c. 17. — Sanchez, l. II, summ. cap. 41 et 42.

passa ainsi de main en main, mais non sans avoir été reconnue, et arriva en la possession de quelqu'un qui, n'aimant ni Coton ni ceux de sa compagnie, en répandit des copies partout. L'original parvint même jusqu'à Sully qui n'eut garde de le cacher au roi. On en fit des gorges chaudes à la cour et à la ville, et pendant tout le mois d'août 1605 la malencontreuse liste servit « de devis et entretien ordinaire aux compagnies » (1). Cette pièce commençait par une invocation « Par les mérites de St. Pierre apôtre, de St. Paul, de Ste. Prisce, vierge et martyre, de SS. Moschus et Ammonius, soldats, etc. » Venait ensuite la série des 71 questions dont voici les principales : Coton conjurait l'esprit malin de lui dire ce que Dieu voulait bien qu'il sût sur le R. R. (le roi régnant); — sur le séjour que lui, Pierre Coton, faisait à la cour; — sur sa demeure chez les Jésuites; — sur la confession générale du R. R.; — sur les vœux, le sacrifice, les cas de conscience; — sur la conversion des âmes; — sur la canonisation de . . . . .; s'il devait la presser; — sur la guerre contre les Espagnols et les hérétiques; — sur ce qu'il devait faire pour s'abstenir de pécher; — si Dieu est l'auteur des langues; — comment tous les animaux ont pu tenir dans l'arche de Noë; — si le serpent avait des pieds avant le péché d'Adam; — si les archanges ont un roi; — où est le paradis terrestre; — quelles restitutions le roi est obligé de faire; — quels dangers les démons causent à la Société et à lui-même; — quel est le meilleur expédient pour la conversion des hérétiques; — quel est le moyen le plus

(1) L'Estoile, t. III, p. 501. — Tous les détails que je donne ici sont empruntés à l'Estoile, à Moréri, V. *Cotton*, mais surtout à l'histoire universelle de De Thou, an. 1605.

sûr pour ramener le roi et la reine d'Anglèterre au sein de l'église ; — sur la santé du roi ; — sur les places fortes ;—qu'est-ce qui empêche l'établissement du collége d'Amiens et de celui de Troyes ; — quelle est la personne et la chose qui met le plus grand obstacle à la fondation du collége de Poitiers ? — J'en passe, et des meilleures.

Nous ne savons si le père Coton avait questionné le malin sur l'établissement du collége de Caen, ni ce que celui-ci avait répondu : toujours est-il qu'il ne s'attendait point à une opposition si vive, ni si unanime. Décontenancé un moment par le résultat de l'assemblée du 4 novembre, il se remit aussitôt à l'œuvre avec la patience de l'araignée qui vingt fois refait sa toile vingt fois déchirée, et le 7 novembre suivant il écrivait la lettre triomphante et bouffonne que voici :

« *A MM. les Maire et Eschevins de la ville de Caën* (1).

Messieurs,

Il est certain que l'entendement est le porte-flambeau de la volonté, et que nous n'aimons que ce que nous estimons ; il est vrai aussi que l'intelligence a son fondement sur l'expérience, d'où je tirerai avecque vostre permission deuz concéquences ; l'une, que nostre Société naiant eu encore le bien d'estre reconnue de vous, ce n'est merveille si aucuns l'ont appréhendée ; l'aultre est qu'avecque l'ayde de Dieu nous aiant essayé, vous en ferés le mesme jugement que tout le surplus, je ne diray du Roiaume, mais de toute la chrestienté ; nous avons et aurons toujours autant de tesmoins oculaires que

(1) En original aux archives de la ville, reg. XLII f°. 131.

d'escolliers qui sont en France plus de vingt-quatre mille(1) soubs nostre discipline tant de l'une que de l'aultre Religion; nous en avons et aurons autant d'auriculaires que de pénitens. Il n'est possible qu'un de ce nombre, voire plusieurs, n'ait ou ne soit pour avoir de quoi nous déférer *(dénoncer)*, si nous nous comportons aultrement qu'il ne fault. Nérac, Montpellier et Nismes (2) nous expérimentent en chaire et en conversacion incessamment; les Cannibales, les Margajats, Topinambos, Fernambuques, Braziliens, Antropophages, ceux de l'une et de l'aultre Inde nous voient parmi eulx sans reproche, par la grace de Dieu, jusqu'à maintenant; plus résonnables, nous pouvons espérer le mesme parmi ceulx de nostre langue et nacion. Le Roi qui ne se trompe aisément en ses jugemens l'a ainsi estimé et fait entendre à MM. vos desputés come vous le verrés aussi par ces lettres patentes; *c'est à nous de ne le tromper et de vous decevoir*. L'ung et l'aultre sera en bienfesance, car il se le promet, et plusieurs d'entre vous ne l'attendent. Heureuse deception quand elle redondera à la gloire de Dieu, au bien de nostre patrie, et à vostre service; ce sont les principaux motifs qui ont porté sadicte Majesté à vous faire entendre si expressément sa volunté, et qui me convient *(m'invitent)*

(1) Je n'ai trouvé qu'ici ce renseignement. On sait d'ailleurs qu'en 1608 la société comptait 29 provinces, 2 vice provinces, 21 maisons professes, 33 maisons de probation, 96 résidences et 10,581 membres: qu'en 1626, quatre-vingt-six ans après la fondation, elle comptait 333 collèges, dont 108 en Espagne, 70 en France, 91 en Allemagne, 36 en Belgique, 29 en Pologne. Le nombre des membres de la compagnie s'élevait alors à 15,493.

(2) C'étaient les grands foyers du protestantisme dans le midi de la France.

à vous en donner toutes les assurances que l'on peut espérer de celui qui est avecque tous ceulx de sa robbe :

Messieurs,

Vostre serviteur très humble et très affectionné en nostre S. J. C.

Pierre Coton,

de la Compagnie de Jésus.

Paris le 7e. décembre 1608. »

O bourgeois insensés, destitués de toute espèce de *porte-flambeaux*, plus rébelles et plus sauvages cent fois que les Topinanbos, les Antropophages et les Fernambuques! Ouvrez enfin les yeux aux mérites nonpareils des enfants d'Ignace; *expérimentez* les grâces et les lumières de l'aimable Société : donnez vos maisons, de bons revenus, vos colléges, vos enfants : si tant d'honneur ne vous touche, le P. Coton saura bien vous contraindre à être heureux bon gré mal gré et vous *décevoir* à la plus grande gloire de Dieu, de la patrie et de votre ville !

Voici maintenant l'explication de la lettre du P. Coton : les députés nommés par l'assemblée du 4 novembre, étaient arrivés à Paris vers la fin de ce mois, pour porter aux pieds du Roi les très humbles remontrances et protestations de la ville contre les Jésuites. Mais le P. Coton prit les devants et tourna si bien l'esprit de Henri IV en faisant ressortir l'irrésolution et les variations des habitants qui au mois de février demandaient les Jésuites (1) et en novembre n'en voulaient plus, qu'il parvint à em-

(1) J'ai suffisamment démontré l'illégalité et la nullité de la prétendue délibération du 8 février 1608. V. le chap. III, p. 22, 23, 24; le chap. VII, p. 72.

pêcher les députés d'être admis à l'audience royale. Aussitôt, et pendant que ceux-ci faisaient le pied de grue aux portes du Louvre, les Jésuites se firent donner par le Roi de nouvelles lettres patentes, du 6 décembre 1608, adressées au parlement de Rouen, aux Bailli, Maire et Echevins de Caen, par lesquels il leur était enjoint « de recevoir les Jésuites et de les mettre en possession du collége du Mont *qui est en nostre disposition*, disent les lettres (1), pour y faire les fonctions ordinaires de leur profession, suivant le contrat passé entre eux et l'Université (2). » Le lendemain 7 décembre, le P. Coton annonçait la grande victoire aux habitants de Caen, en termes emphatiques, mais vagues et obcurs. Les Jésuites, en effet, n'étaient pas sans être alarmés de l'opposition unanime des bourgois de Caen, et de la protestation inattendue de l'Université. En mainte occasion les parlements et les Universités avaient contracté une étroite alliance: ceux-là se considérant comme les protecteurs naturels des droits et des priviléges de celles-ci. Or, présenter leurs lettres à l'enregistrement au parlement de Rouen, c'était provoquer une opposition nouvelle de la part de l'Université de Caen, une discussion et des explications publiques qui pourraient faire arriver la vérité des faits jusqu'aux oreilles du roi. Les Jésuites les tinrent donc provisoirement secrètes, et de fait, elles n'ont jamais été enregistrées ni revêtues par conséquent du sceau de la légalité (3). En attendant, M. de Farvaques

(1) Le contraire a été prouvé. V. la livraison de Mai.

(2) Leur agrégation à l'Université était irrégulière et subreptice. V. la livraison de Mai.

(3) Observations présentées au Parlement de Rouen par l'Université de Caen, en 1721 ; 1 vol. in-12, à la bibliothèque de Rouen.

reçut des ordres exprès qui lui prescrivaient la mise à exécution par provision de ces lettres patentes. Le 5 janvier 1609, deux Jésuites, sans doute les PP. Alexandre Georges et Antoine Dufour se présentèrent pour prendre possession du collége du Mont. Mais le principal Me. Claude Collin, dont on avait cru l'année précédente acheter le désistement, invoquait les droits de la ville, ceux de l'Université, quinze ans de services éclatants consacrés à la prospérité du collége; bref, il refusa de déguerpir.

Le 11 mars suivant, ils se présentèrent de nouveau et exhibèrent à Claude Collin les lettres royales qu'ils avaient tenues cachées jusqu'alors. Appuyées sur cette pièce irrégulière et mieux encore sur les gens du gouverveur, ils s'installèrent violemment au collége du Mont, à côté du principal : celui-ci ne bougea. Il tint bon encore quelques mois, et fut enfin contraint de vider les lieux le 30 août 1609. Deux mois après, la rentrée des élèves au collége du Mont se faisait sous les auspices de la Société et la protection des archers de M. de Farvaques.

L'intrigue avait triomphé.

« On voit par ce récit que la Société s'est introduite à Caen, comme partout ailleurs, par la finesse, la ruse et autres voies illicites qui portent avec elles leur condamnation et leur proscription (1). »

(1) Dénonciation faite à messieurs du Parlement de Normandie, etc. 1762.

FIN DE LA PREMIÈRE PARTIE.

www.ingramcontent.com/pod-product-compliance
Lightning Source LLC
LaVergne TN
LVHW020410230826
846091LV00004B/1224